高等学校交叉学科教育综合改革项目研究成果

DIVERSE RESEARCHES ON CHARACTERISTIC SPECIALTIES OF INTERDISCIPLINES: TAKING E-COMMERCE IN HIGHER EDUCATION AS EXAMPLE

交叉学科特色专业多样化研究

以高等学校电子商务专业为例

孙德林/著

图书在版编目（CIP）数据

交叉学科特色专业多样化研究：以高等学校电子商务专业为例/孙德林著. —北京：经济管理出版社，2011.11

ISBN 978-7-5096-1671-0

Ⅰ. ①交…　Ⅱ. ①孙…　Ⅲ. ①电子商务—高等教育—研究—中国　Ⅳ. ①F713.36-4

中国版本图书馆 CIP 数据核字（2011）第 239525 号

出版发行：经济管理出版社
北京市海淀区北蜂窝 8 号中雅大厦 11 层
电话：(010)51915602　　邮编：100038

印刷：北京银祥印刷厂　　经销：新华书店

组稿编辑：宋　娜　　责任编辑：宋　娜
责任印制：黄　铄　　责任校对：超　凡

720mm×1000mm/16　　13 印张　　220 千字
2011 年 12 月第 1 版　　2011 年 12 月第 1 次印刷

定价：45.00 元

书号：ISBN 978-7-5096-1671-0

前　言

2010年7月8日，中共中央、国务院印发了《国家中长期教育改革和发展规划纲要（2010~2020年）》（简称《纲要》）。《纲要》指出，今后10年我国教育改革发展的工作方针是优先发展、育人为本、改革创新、促进公平、提高质量，要把教育摆在优先发展的战略地位，把育人为本作为教育工作的根本要求，把改革创新作为教育发展的强大动力，把促进公平作为国家基本教育政策，把提高质量作为教育改革发展的核心任务。《纲要》提出了教育改革发展的重点任务和重要举措。《纲要》的一大特点就是对高等教育提出了质量要求。在"十一五"期间，经国务院批准，教育部、财政部于2007年1月25日正式启动"高等学校本科教学质量与教学改革工程"（简称"本科教学工程"），这是我国旨在提高高等学校本科教育教学质量的重大教育改革项目，并取得明显成效。为了贯彻落实《纲要》，进一步深化本科教育教学改革，提高本科教育教学质量，大力提升人才培养水平，2011年7月，教育部、财政部决定在"十二五"期间继续实施"本科教学工程"。按照《纲要》和"本科教学工程"的要求，各地高等学校越来越重视以提高教育教学质量为重点的教育改革，把提高教育教学质量作为教育改革发展最核心、最紧迫的任务。

为了实施好国家"本科教学工程"，江西省有关高校开展了高等学校电子商务专业知识体系江西省创新实验区项目的研究和建设。该项目是教育部高等学校电子商务专业教学指导委员会于2008年8月立项的"高等学校本科教学质量与教学改革工程"项目，2010年7月通过了教育部高等学校电子商务专业教学指导委员会的结题验收。江西省是全国第一个高等学校"本科教学工程"电子商务专业知识体系创新实验区，南昌大学、江西师范大学等40余所高校参加了该项目的研究与建设工作，项目由江西师范大学教授孙德林任总课题负责人。该项目在我国"本科教学工程"改革方面由"一项对一校"改革为"一项对多校"，起到了"本科教学工程"孵化器的作用，为我国"本科教学工程"领域的教育综合改革作了先行探索。该项目研究探讨的重要课题之一是高等学校电子商务交叉学科的特色专业多样化建设问题。

本书是“电子商务教育综合改革与多样化人才培养模式创新实验区”项目的最新研究成果，它以实施“本科教学工程”为背景，以交叉学科研究为视角，以高等学校电子商务特色专业多样化建设问题为对象，探讨了特色专业多样化建设的理论、方法和对策，并提出要用教育部高等学校电子商务专业教学指导委员会编制的《普通高等学校电子商务本科专业知识体系》指导和规范电子商务特色专业多样化建设。同时，还介绍了“高等学校电子商务专业知识体系江西省创新实验区”项目及部分子课题的研究成果。如何加强特色专业多样化建设，培养电子商务专业高质量的多样化人才，以适应就业市场的广阔多样性和我国经济社会的快速发展，是教育界需要探讨、解决的一个重要问题和紧迫任务，也是当前教育界学者极少研究的问题，本书以此为研究对象具有重要的理论意义和现实意义。

本书成果主要来源于以下课题研究：全国教育科学“十五”规划教育部规划课题《基于创业教育与职业技能教育整合的复合型信息化创新创业人才培养模式研究》；教育部人文社会科学研究项目；中国高等教育学会创业规划课题《信息化创业教材、课程开发与信息化创业工程师人才培养模式研究》；中国高等教育学会“十二五”教育科学规划课题《电子商务教育综合改革与多样化人才培养模式创新实验区研究》；教育部高等学校电子商务专业教学指导委员会教学质量与教学改革工程项目《高等学校电子商务专业知识体系江西省创新实验区》（http：//www.ecebe.com）等。

本书关于高等学校电子商务交叉学科的特色专业多样化的研究共分八章，分别为：第一章：高等学校电子商务交叉学科研究综述；第二章：“本科教学工程”背景下的电子商务教育改革研究；第三章：特色专业建设研究；第四章：电子商务特色专业多样化、个性化理论探讨；第五章：电子商务特色专业多样化建设方法研究；第六章：高等学校电子商务专业知识体系江西省创新实验区项目研究与建设；第七章：用知识体系指导电子商务特色专业多样化建设；第八章：交叉学科复合型信息化创新创业卓越工程师人才培养模式初探。以上部分由孙德林撰写。本书附录中选择介绍了教育部高等学校电子商务专业教学指导委员会“高等学校本科教学质量与教学改革工程”项目“高等学校电子商务专业知识体系江西省创新实验区”的部分研究——10所本科院校关于特色专业研究与建设方面的子课题研究报告。因受篇幅所限，还有很多院校的子课题研究报告未能在此介绍。这10所本科院校的子课题研究报告的名称、承担高校、作者的具体情况如下：附录1：综合性大学管理与技术型电子商务特色专业研究（南昌大学施文、龚花萍、魏莺、叶雯琪）；附录2：信息化创业型电子商务特色专业研究（江西师范大学孙德林、蒋科蔚、蔡晓阳、徐舒、佘杰）；附录3：航空物流型电子商务特色专业研究（南昌航空大学雷轶、谢奉军、黄蕾、刘浪、贾伟强）；附录4：铁路物流型电子商务特色专业研究（华东交通大学赵珑、黄辉、李山、况志军、李剑）；附录5：商科院校电子商务特色专业研究（九江学院李再跃、代红梅、熊焘、俞林军、王晴）；附录6：独立学院电子商务特色专业研究（南昌大学科学技术学院熊婷、张炘、邓伦丹、李昆仑、刘敏）；附录7：工程型电子商务特色专业研究（南昌理工学院朱新英、陈小辉、关南宝、夏伟）；附录8：营销型电子商务特色专业研究（南昌工程学院田凯、杨明娟、牛西、张增敏、马俊）；附录9：层次化实践型电子商务特色专业研究（江西蓝天学院左振华、李淑珍、李晓宾、辛晖）；附录10：应用型本科电子商务特色专业研究（华东交通大学理工学院万芳、程志平、王婷婷、龚文辉）。南昌大学施文副教授对附录部分进行了审核。参加本书相关资料收集工作的有谭鑫、徐舒、佘杰、蔡桢艳、黄源通、邹文博、罗蔚、王双燕等，在此作者对他们的工作表示感谢。本书在撰写过程中，尽管我们已经做了很大努力，但书中还是难免存在错误和缺点，敬请各位专家和读者批评指正。

借本书出版之际，谨向一贯支持我们工作的全国教育科学规划领导小组、中国教育学会、中国高等教育学会、教育部高等学校电子商务专业教学指导委员会、中国自动化学会、中国信息经济学会、中国信息经济学会电子商务专业委员会和许多兄弟院校、业内专家、学者、同行以及海内外朋友们表示最真挚的感谢！

孙德林

2011年7月

目 录

第一章　高等学校电子商务交叉学科研究综述

当今时代的重大特征是学科交叉、知识融合、技术集成，科学技术的迅猛发展使多学科交叉融合、综合化的趋势日益增强。科学发展，特别是科学上的重大发现和国计民生中的重大社会问题的解决，常常涉及不同学科的相互交叉和相互渗透；科学上的新理论、新发明的产生，新的工程技术的出现，经常是在学科的边缘或交叉点上，是多学科交叉融合的结晶。重视交叉学科将使科学本身向着更深层次和更高水平发展，这是符合自然界存在的客观规律的。

现代科学技术的飞速发展促使学科的整体格局出现不断综合与不断分化，产生了大量的新的交叉学科。交叉学科是科学发展的必然结果。在 2008 年 11 月 11 日诺贝尔奖获得者北京论坛上，华人图灵奖得主姚期智指出，多学科交叉融合是信息技术发展的关键。当不同的学科理论相互交叉结合，同时一种新技术达到成熟的时候，往往就会出现理论上的突破和技术上的创新。[①] 电子商务专业正是多学科的交叉结合，加上互联网技术的快速发展和普及应用，推动了电子商务的飞速发展，从而产生了新兴学科电子商务专业。电子商务专业作为新世纪的新兴专业，经过教育界的共同努力，专业建设取得了一定的成绩，但同时也存在一些问题，还不能满足市场对电子商务人才多样化的需求。如何根据电子商务飞速发展的特点和市场对于电子商务人才的多样化需求，紧密结合高等教育实际，加快电子商务专业的教育改革创新，加强电子商务专业建设，使电子商务专业办出特色、办出水平，培养高质量的、符合社会需求的各类电子商务专业化人才，是摆在教育部和各高校面前的一个重要理论问题和实践问题，是一项迫切的任务和严峻的挑战，也是一个需要认真探索研究的重要课题。在教育部还没有制订、出版电子商务专业建设

① http：//baike.baidu.com/view/67024.htm.

的指导性专业标准之前，各高校在电子商务专业建设中，要抓住电子商务专业发展的机遇，做好各自的电子商务专业建设发展规划，并在教学实践中勇于探索，不断完善，提高电子商务专业建设水平，为促进电子商务和经济社会发展培养更多更好的电子商务人才。

一、交叉学科的概念

为了追溯“交叉学科”名词出现的时间，应该首先确定“交叉学科”的词源。形容词“跨学科”（Interdisciplinary）是美国哥伦比亚大学心理学家伍德沃斯于1926年首创的一个专门术语，用于指称超过一个学科范围的研究活动。在1926年新成立的美国社会科学研究理事会（SSRC会议）上，伍德沃斯建议说，理事会是几个学科的集合，不仅要对一个学科进行研究，理事会的任务是促进被专业化所隔离的两个或多个学科之间跨学科的综合研究。“跨学科”就是SSRC会议上使用的记录文字，但未普及。1930年，SSRC在一份文件中正式使用了“跨学科的活动”这样一种说法。1937年，《新韦氏大词典》、《牛津英语辞典》（增补本）首次收入“跨学科”一词。到了20世纪50年代，这一术语已在社会科学界被普遍使用，到了60年代，这个词变得时髦起来，自然科学家、教育学家等广泛使用，此后又相继出现了交叉学科研究（Interdisciplinary Researcher）、交叉学科理论（Interdisciplinary Theory）、交叉学科特征（Interdisciplinary Characteristics）等，还出现了一些首字母组成的缩写词，如IDE（Interdisciplinary Education）、IDR（Interdisciplinary Research）、IDU（Interdisciplinary Union）、IGPH（Interdisciplinary Graduate Program in Humanity）、IDS（Interdisciplinary Survey）。①

对于交叉学科概念，国内许多学者均对其给出过定义。以下选取的是几个有影响力的定义：

（1）钱学森提出，交叉学科是指在自然科学与社会科学相互交叉地带生长出的一系列新生学科。这个定义是我国较早的权威性定义，他把两界间的

① 刘仲林. 现代交叉科学［M］. 杭州：浙江教育出版社，1998.

学科交叉认为是交叉学科。[①]

(2) 刘仲林认为，交叉学科是两门或者两门以上的学科相互结合、彼此渗透交叉而形成的新学科。[②]

(3) 乌家培指出，交叉学科是与单一学科相对应的综合性科学，两门以上的科学相互结合、彼此渗透交叉，不仅分别存在于自然科学和社会科学的内部，而且还大量存在于自然科学与社会科学之间。[③]

(4) 赵红洲认为，交叉学科本质上说来，乃是在社会科学和自然科学之间宽阔的交叉地带出现的包括边缘学科、横断学科、综合学科在内的新生学科群落。[④]

(5) 解恩泽认为，所谓交叉学科，是指由不同学科、领域或部门之间相互作用、彼此融合而形成的一类学科。[⑤]

西方不少学者也对交叉学科有较好的研究：布鲁尔提出交叉学科是指“多种专业知识针对实际问题的合理结合”。克莱恩和纽维思从教育角度指出交叉学科是“对无法用单一学科知识处理的复杂问题进行回答、解决和表述的过程，它是利用多学科的观点，并在更广泛的视角下对这些知识进行整合”。

二、发展交叉学科的意义

随着学科的深入交叉、融合和渗透，新的交叉学科得到不断发展，数量越来越多。发展交叉学科的重要意义如下：

1. 交叉学科是社会科技经济发展的迫切需要

在科学技术发展日新月异的今天，新的思想、理论、技术手段往往体现

① 钱学森. 交叉科学：理论和研究的展望［M］. 北京：光明日报出版社，1985.
② 刘仲林. 现代交叉科学［M］. 杭州：浙江教育出版社，1998.
③ 乌家培. 交叉学科发展的原因和途径［M］. 北京：光明日报出版社，1986.
④ 赵红洲. 交叉科学与马克思主义［N］. 中国青年报，1994-05-10.
⑤ 解恩泽. 交叉科学的形成［J］. 东北师范大学学报，1990 (2).

多学科交叉的特点，许多重大的发现和成果往往出现在学科交叉的前沿，学科交叉已成为获得原创性成果的重要途径，学科交叉是科学发展的必然趋势。只有突破传统学科之间的壁垒，促进学科间的交叉与融合，才能把握科学发展的最前沿。当今经济社会发展中的一些重大问题，往往涉及多个学科，如环境问题、人口与资源问题、可持续发展问题等关系全球发展的综合性问题，仅仅从单一学科的角度来寻找完善的解决方案是不可能的，只有综合运用多学科交叉与融合的观念、理论、知识和方法，进行多学科系统性的联合攻关，才有可能较好地解决这些问题，推动经济社会的快速发展。

2. 交叉学科是促进决策科学化的必然要求

客观事物纷繁复杂，从不同角度、不同层面考察，会有不同的内容。交叉科学丰富和完善的科学知识体系，为人类认识世界、改造世界提供了多样化解决问题的方法、手段和角度。在面对高度复杂、多变量、多因素的决策任务时，只有运用交叉科学的理论、手段和方法，才能提高决策质量和水平，避免或减少决策失误。

3. 交叉学科是研究型大学自身建设和发展的迫切需求

我国的高等学校经过几十年的发展，学科的覆盖面已经相当广泛，特别是综合性研究型大学，基本覆盖了理、工、管、文、经济等诸多学科门类。交叉学科是学科发展的必然趋势。在学科外延发展空间有限的时候，为了使高校实现可持续发展，高校发展必须从外延式扩张走向内涵式建设，在巩固现有传统学科优势的同时，从学科交叉、融合、渗透中不断孕育出新的学科生长点，形成以重点学科为龙头的多学科协调发展的学科布局结构。通过以内涵为主的发展方式发展交叉学科，不仅会涌现出大批新的交叉学科，有力地促进学科格局的变化，实现学科建设和发展的创新，推动学科建设的创新和发展，而且大量的交叉学科的出现，暴露了传统学科结构的局限性，传统学科不能“闭关自守”，需要突破原有学科的界限，求得本学科的生存与发展，使传统学科保持旺盛的生命力。

4. 交叉学科是科学技术创新和培养创新型、复合型人才的重要途径

当今时代，任何高科学技术成果无一不是多学科交叉融合的结晶。要实现快速、大量的科学和技术创新，发展交叉学科已成为了一个必要而且重要的途径。进入21世纪以来，拔尖创新人才的竞争成为了国际竞争的焦点，任何国家如果取得了争夺拔尖创新人才的优势，就意味着占据了全球竞争的制高点。广博的知识、开阔的思路、创新的理念、较高的学习和创新能力是高素质创新型和复合型人才的重要体现。众多研究成果与实践经验表明，交叉学科的研究与实施，可以有效地改善学生的知识架构与思维体系，提高学生的学习与动手能力，培养学生的创新意识与创造力。

三、交叉学科——电子商务专业建设现状

管理学、经济学和工学三门学科在经济社会生活中发挥着重要作用，它们各自培养的人才成为持续创新、高效发展和构建和谐社会的三个支柱，是驱动经济社会前进的“三驾马车”。目前，在高等教育学界，强调科技教育与人文教育相融合的办学理念，已经得到越来越普遍的认同，加强理、工、文、管、法等学科交叉、渗透结合已成为共识。2001年10月，教育部在下发的《关于做好普通高等学校本科学科专业结构调整工作的若干原则意见》的通知中强调，“鼓励高等学校打破学科壁垒，在遵循学科专业发展规律和人才培养规律的基础上，积极开展跨学科设置本科专业的实验试点，整合不同学科专业的教学内容，构建教学新体系”。多学科交叉形成了新的学科领域与增长点，也是学科创新的重要方向和标志。电子商务正是由经济学、管理学、工学、法学等相关学科的专业知识交叉融合而形成的新的学科，它的出现和发展，顺应了社会发展的需要，充分体现了多学科交叉融合的优势，真正实现了以经济发展为目的、以技术为工具手段、以现代管理体系为依赖的现代商务发展新模式。

我国高校的电子商务专业建设起步于20世纪90年代后期，是一个新兴

专业。随着全球信息化的迅猛发展，面向企业和个人的电子商务应用日益普及，网上购物、网络交易支付为消费者带来了不少的便利，作为一种新兴的、处于快速发展中的现代商务方式，电子商务突破了传统商务在时间和空间上的限制，形成了一种方便、快捷、安全可靠的新兴电子化商务活动模式。电子商务的发展给人类社会带来了巨大的便利。现在，人们可以足不出户地在网上浏览网店、网站，购买我们喜爱的商品或获取商业信息。对于企业，那种推销员满天飞、采购员遍地跑的商务模式，已被实现从采购到商品销售全过程的全部电子化、网络化所取代，并且为企业带来了丰厚的回报，吸引更多的企业纷纷在网上开设各种类型的虚拟网店。电子商务的发展还推动了网上银行的飞速前进，这是对金融业的巨大影响。电子商务的飞速发展，带来了对电子商务人才大量的市场需求，因此一批高校相继开设了电子商务专业，并成为发展最快的专业之一。

自 2001 年国家教育部首批批准 13 所院校开设电子商务专业以来，经过 10 余年的发展，目前已有近 400 所院校开设了本科层次的电子商务专业，还有 800 余所高职学校开设了电子商务大专专业。2002 年，在教育部高教司指导下，成立了全国高校电子商务专业建设协作组，开始以组织化的形式展开电子商务专业的教学、科研工作；2006 年，教育部成立了高等学校电子商务专业教学指导委员会，正式开辟了规范的电子商务专业指导工作；在此过程中，电子商务专业在教育部及高教司的支持下，在开展专业定位、课程设置、实验室建设等专业规范化建设的同时，还联合电子商务领域知名企业就学生就业、创业扶持等展开积极探索。

经过 10 多年的不断探索，电子商务专业建设取得了很大的成绩。回顾这 10 余年的发展，电子商务专业从无到有、从小到大，经历了从挂靠在其他专业下的方向向独立的学科专业培养模式发展，形成了横跨经济、管理、信息、法律等多学科，覆盖博士、硕士和本科三个层次的具有交叉型一体化培养特色的专业。在“十一五”期间，电子商务专业积累了众多成果，有关的教学成果在教育部“高等学校本科教学质量与教学改革工程”众多工程中都有体现，而与许多其他专业不同的是，大量电子商务专业学生直接投入到电子商务与互联网创业中。2010 年，为了对已取得成绩的高校和团队进行宣传，为其他高校的电子商务专业建设提供借鉴，在高等学校电子商务专业教学指导委员会的组织下，编制了《高等学校电子商务专业教学与实践“十一五”优秀成果汇编》，该《成果汇编》主要是对“十一五”期间电子商务专业省级以

上的教学优秀成果进行汇编，主要包括“高等学校本科教学质量与教学改革工程”所囊括的“十一五”规划教材、精品课程、特色专业、优秀教学团队、实验教学示范中心、教学成果奖等综合性奖项。[①]

电子商务专业建设虽然不断取得新成绩，但是必须清醒地看到，在市场大量需要电子商务人才时，高校电子商务专业毕业生的就业率低于普通高校的平均水平，高校培养出的学生不能满足市场对电子商务多样化人才的需要。造成这种局面的根本原因在于电子商务专业建设问题。在开设电子商务专业的高校中，既有部属院校，也有地方高校；既有在管理、经济、商务等学科学院开设的，也有在计算机、信息类等学科学院开设的；既有本科院校开设的，也有高职学校开设的；在高校其他学科中，涉及电子商务专业学习的学科还包括信息管理、企业管理、经贸、工商管理、金融、计算机、信息安全、网络等专业。而且，电子商务专业正处于起步阶段，没有现成的理论体系，没有现成的人才培养模式，也没有现成的经验可以借鉴，电子商务理论、教学模式、教学方法等只有靠摸索。另外，面对飞速发展的电子商务专业，有的高校存在盲目上马、急功近利的现象，只考虑招生和其他高校竞争问题，没有根据市场对电子商务人才多样化的需求和自身学科特点进行专业建设。从上述情况可见，各高校办学水平参差不齐、学科特点各不相同，加上是新兴学科，各方面工作处于探索之中，没有一个电子商务专业建设的规范作指导，专业建设具有很大的自由度，从而造成专业建设不规范、专业建设水平不高。许多高校电子商务专业建设中存在定位不准、培养目标过于宽泛、人才培养模式传统、课程设置不合理、实践教学偏弱、教材编写滞后等问题。目前，电子商务理论体系建设尚不完善，学科交叉还不能做到各有关学科知识有机融合，没有完全形成符合电子商务自身特点的理论体系，加上电子商务实际应用仍在快速发展，各方面工作都需要加快探索。因此，各高校应在教育部的指导下和兄弟院校帮助下，抓紧做好各自的电子商务专业建设发展规划，并在教学实践中不断调整完善专业建设规划。[②]

2008 年，教育部高等学校电子商务专业教学指导委员会根据高校开展电子商务本科专业人才培养存在的问题和取得的成果，按照教育部“高等学校

① 李琪. 高等学校电子商务专业教学与实践“十一五”优秀成果汇编 [M]. 北京：清华大学出版社，2010.

② 陈德人. 创新创业型交叉学科专业的知识化探索与社会化实践 [J]. 中国大学教学，2010 (1).

本科教学质量与教学改革工程”的要求，组织专家在大量调研和前期工作基础上，编制出版了《普通高等学校电子商务本科专业知识体系》（试行版）（简称《知识体系》）。《知识体系》是电子商务专业教育和建设的一个指导性文件，它完整地介绍了电子商务知识体系的基本定义、总体框架、实践要求、与课程体系的关系、在专业评估中的作用以及内容分类描述等，是普通高校电子商务本科专业标准的一个基础，将对规范电子商务本科专业教育起到重要的指导作用。

电子商务特色专业多样化建设涉及专业定位、培养目标和培养模式的确立、知识体系的构架、课程体系的设置、实践要求等方面，《知识体系》除了对电子商务知识体系进行了重点描述，还对以上方面进行了设计并提出了要求。可见，《知识体系》不仅是电子商务专业建设在知识体系构建方面的基础规范，也将对各高校电子商务特色专业规范化、多样化建设起到重要的指导作用，各高校可充分利用《知识体系》，切实抓好电子商务专业的规范化、多样化建设，提高电子商务建设水平，为促进经济社会发展培养更多更好的电子商务适用人才。

电子商务作为一门交叉型学科，涉及多方面的知识，电子商务人才培养是一个综合性的系统工程，因此，需要各高校根据市场对电子商务人才需求的特点，结合自身学科实际，从各个环节上不断努力探索，抓好专业建设，为社会培养具有良好素质、满足多样化的需求的适用性电子商务人才。相信通过高校电子商务专业建设不断研究探索推进，专业建设水平将会跃上一个新台阶。

第二章 “本科教学工程”背景下的电子商务教育改革研究

随着科技的日新月异，人才竞争日趋激烈，知识越来越成为提高综合国力和国际竞争力的决定性因素，人力资源越来越成为推动经济社会发展的战略性资源，科技、教育、人才竞争在综合国力竞争中的重要性日益凸显，当今世界的综合国力竞争，说到底是民族素质的竞争。我国正处在改革发展的关键阶段，经济建设、政治建设、文化建设、社会建设以及生态文明建设全面推进，工业化、信息化、城镇化、市场化、国际化深入发展，人口、资源、环境压力日益加大，经济发展方式加快转变，都凸显了提高国民素质、培养创新人才的重要性和紧迫性。教育对提高人民思想道德素质和科学文化素质、发展科学技术、培养人才具有基础性作用。中国的未来发展、中华民族伟大复兴，关键靠人才，基础在教育。教育是民族振兴、社会进步的基石，是提高国民素质、促进人的全面发展的根本途径，教育兴则人才兴，人才兴则国家兴。高等教育是我国教育事业的重要组成部分，高等教育的根本任务是人才培养，核心任务是提高质量，加快高等教育改革，提高高等教育质量，努力促进各类创新人才的竞相涌现，推动我国经济社会又好又快发展。对此，党中央、国务院作出了一系列的战略部署。

2010 年 7 月 8 日，中共中央、国务院印发了《国家中长期教育改革和发展规划纲要（2010~2020 年）》（以下简称《纲要》），这是中国进入 21 世纪后的第一个教育规划，是今后一个时期指导全国教育改革和发展的纲领性文件。《纲要》指出，今后 10 年我国教育改革发展的工作方针是优先发展、育人为本、改革创新、促进公平、提高质量，即把教育摆在优先发展的战略地位，把育人为本作为教育工作的根本要求，把改革创新作为教育发展的强大动力，把促进公平作为国家的基本教育政策，把提高质量作为教育改革发展的核心任务。《纲要》提出了教育改革发展的重点任务和重要举措。《纲要》的一大特点就是对高等教育提出了质量要求，《纲要》指出，提高质量是高等教育发展的核心任务，是建设高等教育强国的基本要求，是实现建设人力资源强国和创新型国家战略目标的关键，并提出要通过高等教育改革，全面提高高等教育质量，健全质量保证体系，全面提升创新人才培养质量。

在“十一五”期间，经国务院批准，教育部、财政部于2007年1月25日正式启动“高等学校本科教学质量与教学改革工程”（简称“本科教学工程”），这是教育部、财政部为贯彻落实党中央、国务院关于“把高等教育的工作重点放在提高质量上”的战略部署的一项重大本科教学改革项目，是继“211工程”、“985工程”和“国家示范性高等职业院校建设计划”之后，直接针对提高高等教育质量而采取的具有深远意义的重要举措。实施“本科教学工程”，是以提高高等学校本科教育教学质量为目标，以推进改革和实现优质资源共享为手段，按照“分类指导、鼓励特色、重在改革”的原则，加强内涵建设，提升我国高等教育的质量和整体实力。“本科教学工程”针对高等教育人才培养还不完全适应经济社会发展需要的突出问题，特别是针对高校专业结构不尽合理、办学特色不够鲜明、教师队伍建设与培养培训薄弱、大学生实践能力和创新创业能力不强等关键领域和薄弱环节，提出通过一段时间的改革建设，力争取得明显成效，更好地满足经济社会发展对应用型人才、复合型人才和拔尖创新型人才的需要。“十一五”期间，“本科教学工程”建设紧紧抓住影响本科人才培养的关键，选择具有基础性、全局性、引导性的项目为突破口，初步形成了国家级、省级、校级三级质量建设体系，有效推动了本科教育教学改革和人才培养质量提升。为了贯彻落实《纲要》，进一步深化本科教育教学改革，提高本科教育教学质量，大力提升人才培养水平，2011年7月，教育部、财政部决定在“十二五”期间继续实施“本科教学工程”。

按照《纲要》和“本科教学工程”的要求，各地高等学校越来越重视以提高质量为重点的教育改革，把提高质量作为教育改革发展最核心、最紧迫的任务抓紧抓好。

大力发展电子商务是我国“十二五”期间的重要任务。20世纪80年代以来，信息技术特别是互联网及相关技术逐步成为推进全球化进程的根本动力之一。随着信息技术的广泛应用和企业信息化水平的不断提高，电子商务在我国快速发展和广泛应用，电子商务日益成为企业经济活动的重要商业模式，社会对电子商务人才的需求日益迫切，人才短缺已成为全球电子商务发展过程中所面对的诸多问题中最根本、最紧迫的问题。社会对电子商务专业

人才的数量和质量需求的不断提高，促进了电子商务这个新兴专业的快速发展。自2000年国家教育部批准开设电子商务专业以来，与时俱进一直是电子商务的时代特性，在加快教育改革背景下，电子商务专业紧跟时代的步伐，加快专业教育改革发展，勇于开拓创新，提高电子商务专业人才培养质量。下面以实施“本科教学工程”为背景，结合电子商务专业的教育实际，对电子商务专业的教育进行了剖析，分析了电子商务专业教育存在的主要问题并提出了相应的对策。

一、高等教育改革的重要意义

我国经过60多年特别是改革开放30多年的不懈努力，高等教育取得了举世瞩目的伟大成就，完成了高等教育大众化的伟大跨越。我国高等教育事业不断发展，极大地提高了全民族素质，有力地推进了科技创新和文化繁荣，为推动我国实现从人口大国向人力资源大国的转变，为我国经济社会发展作出了不可替代的重大贡献。

虽然我国高等教育事业取得了巨大成就，但面对前所未有的机遇和挑战，必须清醒地认识到，我国高等教育还不完全适应国家经济社会发展和人民群众接受良好教育的要求。存在的主要问题有：教育观念相对落后，内容方法比较陈旧，素质教育推进困难；学生适应社会和就业、创业能力不强，创新型、实用型、复合型人才紧缺；教育体制、机制不完善，学校办学活力不足；教育结构和布局不尽合理，城乡、区域教育发展不平衡，贫困地区、民族地区教育发展滞后；教育投入不足，教育优先发展的战略地位尚未得到完全落实。要推动教育事业科学发展，必须进行教育改革，着力解决这些问题。①

当前，我国社会主义现代化建设已进入新的发展阶段，提高高等教育质量和教育现代化水平，对实现全面建设小康社会奋斗目标，建设富强、民主、文明、和谐的社会主义现代化国家具有决定性作用。因此，深化高等教育改革，对于解决当前高等教育事业上存在的诸多问题，大力发展教育事业，适

① 国家中长期教育改革和发展规划纲要（2010~2020年），http://www.gov.cn/jrzg/2010-07/29/content_1667143.htm.

应国内外发展的新形势，适应全面建设小康社会的新要求，适应人民群众对教育的新期盼，加快培养各类人才，促进转变经济发展方式，增强我国发展后劲和国际竞争力，不断推动经济社会发展跃上新台阶，意义重大、深远。各地高校要从战略的高度，以长远的眼光，充分认识教育改革发展的重大意义，切实增强责任感和使命感，要紧紧抓住机遇，有力迎接挑战，按照《纲要》和“本科教学工程”的要求，推进以提高质量为重点的高等教育改革。

电子商务专业是由经济学、管理学、工学、法学等相关学科的专业知识交叉融合而形成的复合型新学科专业，是21世纪的新兴专业，专业发展迅速，成效明显，但也存在诸多问题，需要顺应教育改革的潮流，加快改革创新步伐，促进专业持续发展。近年来，互联网发展和应用的普及，促进了电子商务的迅速发展，市场对电子商务人才需求急剧增加，同时，电子商务在高等教育层次获得了很大的发展。但是，当前市场对电子商务人才存在供需矛盾。据统计，我国登记在册的电子商务企业已达到1000多万家，其中大中型企业就有10万多家，初步估计，未来我国对电子商务人才的需求每年约20万人，同时我国有数十万名电子商务专业在校学生，本应是人才供需两旺的大好局面，可事实却刚好相反，一方面企业招不到适用的电子商务人才，另一方面高等院校电子商务专业的毕业生就业率达不到全国普通高等院校毕业生就业平均水平。电子商务专业人才这种供需错位现象，暴露出现行的电子商务专业人才培养存在的问题，由于这些问题的存在，使得高校培养出的电子商务专业毕业生不能满足市场对电子商务多样化人才的需求，改革势在必行。如何通过改革创新，加强专业建设，提高专业建设水平，解决人才培养问题，培养造就符合市场需求的电子商务适用人才，更好地服务我国经济社会发展，是当前高校电子商务专业教育改革发展需要探索的重要课题之一。

二、电子商务专业教育存在的主要问题

造成电子商务专业人才出现供需错位现象的根本原因在于电子商务人才培养不能适应市场需求。21世纪以来，电子商务的迅猛发展，各大高校纷纷开设电子商务专业，但由于盲目上马，急功近利，过多地考虑了招生的需要和高校之间的竞争，而没有对电子商务人才需求状况进行调查，对市场需求

进行分析，专业教育上存在问题，导致培养出来的学生不能适应电子商务的飞速发展，不能成为市场的适用人才。电子商务专业教育存在的问题主要有以下几个方面：

1. 市场定位不清晰

电子商务是一门复合型、交叉性的边缘学科，目前无论是理论研究上还是实践上都处于探索的阶段，许多企业也没有相关的电子商务岗位设置，学校和学生对这个专业的定位、就业方向都是很模糊的。一些高校对专业方向不能清晰地定位，提出过于宽泛的培养目标，涉及众多领域，以“万能”为培养目标。例如，有的高校在教学计划中是这样描述其培养目标的：掌握电子商务专业知识和相关法律知识，具有扎实的金融、经济、贸易与电子商务理论、计算机网络基础和网页设计、网站建设等知识，具备从事国际、国内商业贸易和网络营销能力，具有维护电子商务系统和参与电子商务网站建设的实际能力，面向电子商务相关的金融机构、商务网站、企业等一线工作的高等实用型人才。

这种“万能型”的培养目标造成两方面的问题：

（1）学生的精力和时间有限，同时兼顾多个方向，造成学生没有专长。宽泛的培养目标造成以下现象：学生学过网页设计，但比不上网站设计专业学生的水平；学过计算机程序设计，但不如计算机专业的学生精通；学过国际贸易理论，但不能胜任国际贸易实务工作等。学生没有专长，在就业市场就没有核心竞争力。

（2）以“万能”为培养目标培养的电子商务人才并不符合中国企业对电子商务人才的实际需求。企业需要的是能胜任某项具体工作的人，比如网页设计、网站的规划和运营维护、系统开发、网络营销和客户服务、出口报关等，而不是什么都懂，但什么都干不好的“全才”。①

① 杨兴凯，宋哲理. 电子商务人才培养模式研究［C］//刘业政，李琪等. 电子商务教育、理论与应用新进展——第八届全国高校电子商务教育与学术研讨会论文集. 合肥：合肥工业大学出版社，2009.

2. 课程设置不科学

由于开设电子商务专业的高校背景不同，加上对电子商务的认识上存在差异，造成课程设置差异很大，缺乏科学性。

从大部分高校来看，电子商务专业主要由以下三种不同的专业背景的院系发展而来，不同的专业背景课程设置重点不同：

第一种是技术背景院系的课程设置。电子商务专业由原来的计算机专业、管理信息系统专业延伸到电子商务领域来，这种专业背景的课程设置主要偏重于技术类课程，比例达七八成，主要偏重于电子商务系统的建设、安全问题以及电子商务系统的解决方案等方面的培养，管理类课程安排较少，安排课程主要体现在对管理课程认识的朴素和实用性。

第二种是经济贸易背景院系的课程设置。电子商务专业由原来的国际贸易专业、国际经济专业等发展到电子商务方面，这种专业背景的课程设置主要偏重于经济和管理类课程，比例达六七成，主要偏重于电子商务的网上交易，它与国际贸易专业的知识比较相近，但增加了一些电子商务管理方面的知识。

第三种是工商管理背景院系的课程设置。电子商务专业是由工商管理背景的院系发展过来的，主要偏重于工商管理类课程，比例达六七成，它主要培养学生利用互联网实现企业的网上经营管理和网络营销。

从上述三种不同背景的院系所开设的电子商务专业的情况来看，它们的课程设置各有侧重但相互模仿。此外，由于电子商务理论体系还在不断完善，再加上对电子商务在国际和国内的实际应用缺乏充分的了解，使得一些高校在专业课程设置上缺乏目的性和原则性，在专业基础课和专业课选择上没有依据，从而造成课程设置不科学。目前，高校课程设置存在两方面问题：一是一些高校将有关商务和技术方面的课程简单堆砌在一起，课程之间缺乏有机联系和支持，课程设置缺乏完整性和系统性。多数高校电子商务专业设置了20门左右的课程，虽然本意是为了培养“多面手”，但由于所设置课程之间的相关性不大，这种割裂的课程设置导致学生知识结构不系统、专业上不精通，使得学生既不符合专业技术娴熟的要求，也不符合用人单位对电子商务人才的需求。二是实践教学环节薄弱。电子商务是一个应用性和动手能力很强的专业，无论是计算机与网络技术、商务策划、网络营销、项目管理都

需要大量的实践训练，必须加强实践教学环节。但目前高校电子商务专业在教学上理论强于实践，缺乏必要的案例教学和实务操作能力的培养，学生的操作能力弱。目前，虽然有许多研究提出了一些实践教学内容和方法改进措施，但是电子商务实践教学内容和方法仍基本停留在对传统实践的沿用上，人们更多注重实验室硬件的建设，很多高校建立了电子商务实验室，主要是安装了一套简单的模拟软件，供学生模拟练习，而这些软件大部分已脱离实际的商业环境，甚至有不少软件已经落后于时代。商务行为本身是复杂多变的，如果这些软件将所有的商业行为都固化，事实上与书本教育并没有本质的区别，因此这种模拟练习不能真正培养和提高学生的实际动手能力。目前，电子商务专业缺少对实践教学内容和方法的改革创新，缺少对实践教学方法的应用性研究，尤其缺少对实践教学经验的总结和理论提高。

3. 教材编写滞后

教材的编写严重滞后于电子商务的发展，有些教材虽然标榜自己是系列教材，但并不系统和完整，相互之间有重复和冲突，不同的系列教材之间的重复和冲突更加严重，各高校在教材的选择上难度较大。例如，《电子商务技术基础》这门课，各高等院校在教学内容上差异非常大，教学过程中出现教学内容的重复和遗漏。教材的这种现状，使得各高校在教材的选择上难度较大，这也会造成学生在理论和技术上无法全面掌握应有的知识。

4. 师资力量弱

由于电子商务专业在我国是新兴专业，从 2001 年才开设电子商务本科专业，2005 年才有第一届本科毕业生，电子商务专业师资非常缺乏，师资力量很弱。很多院校的电子商务教师大多数是从计算机、网络、工商管理、营销等专业调派，这些不同专业的教师组成了电子商务专业教学团队。这些专业的教师在原来的专业上具有优势，但他们的电子商务知识大多来自以往出版的一些电子商务书籍，不够系统、深入。电子商务是交叉性学科，交叉不仅仅是各个学科的简单组合，而是相互之间的有机统一，不少教师一时难以将各个学科相互渗透、有机结合起来。而且，这些教师大多没有电子商务实战经验，使得案例来源、案例讨论、创业和实习指导都受到了很大的限制。短时间里难以提高电子商务理论和实践教学水平，这就直接影响到电子商务人才的培养。

三、专业教育改革的建议

电子商务专业人才培养问题，使得高校电子商务专业毕业生难以满足市场对电子商务人才多样化的需求，这已成为制约高校电子商务专业发展和毕业生就业的根本问题。如何摆脱这样的困境，让我国的电子商务人才培养逐渐走上供需平衡发展和良性循环之路，是目前我国电子商务教育必须研究和探讨的重要课题。

企业需要的电子商务人才的基本标准是：能独当一面，一来就能干，一干就能赚。针对国内高校电子商务专业教育和市场需求脱节、就业率低等问题，电子商务专业教育改革势在必行。要通过改革创新，提高电子商务专业建设水平，使培养教育出来的学生既有理论又有较强的动手能力，有专业特长，符合市场需求。

1. 准确进行专业定位

必须以市场需求为导向，以学校自身优势为本位来进行专业定位。

教育部高等学校电子商务专业教学指导委员会 2008 年编制《普通高等学校电子商务本科专业知识体系》（试行版），从电子商务专业背景学科的交叉融合性和专业知识技能的复合创新性，以及就业市场的广阔多样性和开设电子商务专业的不同高校的自身优势角度，确定电子商务本科专业采取一个专业多个方向的方式，并指出电子商务专业可确定为两大基本方向，即电子商务经管类方向和电子商务工程类方向。在这两大基本方向的基础上，对市场需求进行细分，还可细分出很多专业方向。

2. 科学、合理地设置课程体系

各高校要建立符合教育部高等学校电子商务专业教学指导委员会编制的

《普通高等学校电子商务本科专业知识体系》要求和体现学校自身专业人才培养特色的课程体系。

对理论课程的设置，坚持“理论以够用为度”的原则。既要有能够满足实际使用需要的理论知识深度，又要有能覆盖“电子商务相关岗位”的理论知识宽度。

对实践教学体系的设置，要坚持“实际、实用、实践”的原则。充分利用电子商务专业特点、互联网上的免费资源以及企业的一些针对教学的开放平台，建立学生与企业的沟通渠道，尽可能早地使学生接触到真实的企业电子商务活动，形成企业、学校、学生的长期合作、相互支持的产学研一体化环境。

课程设置要坚持以市场需求为导向。电子商务的商业模式发展很快，课程开设和调整的速度远远跟不上电子商务发展的速度。要使开设的课程适应市场的变化，就要选择相对灵活的课程体系设置，根据市场变化及时调整，实行人才培养动态化。在课程设计上，要设计动态的人才培养模块，尤其是在专业特色模块中应充分考虑市场变化，要及时了解、掌握最新的理论和应用模式。在培养方案的实际执行中，并不一定开设所有的模块，而是根据对人才需求变化的预测，针对性地开设符合市场需求的模块。另外，学生在进行课程选择时，最好能按整体模块进行方向性的课程学习，而不是跨模块的选择。这样，有利于学生形成方向性的整体知识，从而学有所长，增强就业能力。

3. 加强师资队伍建设

教师是教学计划的实施主体，其素质高低直接影响到课程教学目标的实现。要办好电子商务专业，必须有一支业务过硬的师资队伍。电子商务是多学科交叉融合的产物，这对电子商务专业课教师的知识结构提出了更严格的要求：一是要根据学科专业定位、课程体系结构特点合理构建教学队伍，加快培养一批能将信息技术与商务理论和实践相结合的、具有复合型能力的、优秀而稳定的师资队伍，并且通过教学、商务实践和科研工作，使教师具备较深厚的电子商务理论知识和较高的电子商务操作驾驭能力，从而胜任培养电子商务人才的任务。同时，要注重加强与企业的联系。二是要选拔和支持具有凝聚力的学术带头人组建教学团队。根据教学任务的需要，打造不同类型的教学团队。对于单学科的课程，可由教研室或专业院系内的教师组建教学团队；对于跨学科课程因教学内容复杂，仅靠一个院系的教师无法高质量地完成教学任务，需要组建跨院系的教学团队；对于知识结构相互关联的课程模块的完成，则需要组建由具有不同知识技能的教师组成的教学团队。三是要让教师直接参与到企业的电子商务实际运作中，了解和掌握最新的电子商务理论和应用技能，提高用理论指导实践的能力。

4. 建立健全教学质量监控体系

教学质量监控体系的构建和运行，实施教学质量的全面管理，是增强教师的责任意识和质量意识、规范教学的各个环节、保证教学质量和提高教学效果的重要措施。一个科学合理的教学质量监控体系应是目标明确、质量标准规范、方法多样及调控得力的。可从以下几方面着手：一是建立教学质量目标和标准体系。二是建立教学质量监控的组织体系，由院、系（部）、室构成三级监控组织，根据管理的职能，在不同层面上实施质量监控。三是建立教学质量监控的方法体系，采取动态信息监控、督导和考核等方法，把握教学过程质量控制的关键环节，对教学计划及运行等环节进行多层面的监控。四是建立教学质量监控的制度体系，如建立领导干部听课制度、教研室主任听课制度、学生评价与同事互评制度。五是建立教学质量评估体系，通过科学合理设置评价指标体系，开展数据的纵向比较和横向比较，使学、评、教能真正反映教师的教学水平。①

四、高等学校电子商务专业知识体系江西省创新实验区的做法

为了让江西省的电子商务专业办学单位抓好电子商务专业的知识体系研究和建设，并以《普通高等学校电子商务本科专业知识体系》为指导，大力

① 新乡市教育学院. 构建教学质量监控体系　实施教学质量全面管理［N/OL］. http：//wuxizazhi.cnki.net/Search/XXXY200906023.html.

推进电子商务专业建设，2008 年 7 月，由中国信息经济学会电子商务专业委员会江西办、江西省计算机用户协会电子商务专业委员会和江西师范大学联合申报了“高等学校电子商务专业知识体系江西省创新实验区”（以下简称“江西省创新实验区”）项目，该项目获得了教育部高等学校电子商务专业教学指导委员会批准立项。这是全国第一个省级普通高等学校电子商务专业知识体系创新实验区项目，属于本科教学质量与教学改革工程项目。也就是说，该项目是全国第一个电子商务专业“本科教学工程”区域性实验区项目。江西省是全国第一个高等学校电子商务专业知识体系创新试点省。该项目经过三年的研究与建设，取得了一批创新的研究成果，并且通过了教育部高等学校电子商务专业教学指导委员会组织的项目结题验收。

1. 建立企业合作机制

为了更好地促进江西省电子商务专业学生的实践训练环节，项目建立了校企合作机制，在学习理论基础的同时，和一些企业进行合作，实现“干中学”。目前，参加“江西省创新实验区”试点的企业有贝腾科技有限公司、金蝶软件（中国）有限公司等企业。

2. 建立高校联合机制

联合多所高校，共同对电子商务专业的知识体系进行研究和建设，对特色专业建设进行研究探讨，共同推进电子商务专业人才培养工作。目前，参加“江西省创新实验区项目”试点的高校有南昌大学、江西师范大学等 49 所高校。

3. 建立网络平台机制

作为全省的实验区，由于项目涉及面广、参与单位多，为了更好地实现资源和信息共享，为了突破时间和空间限制，促进各个参与单位的沟通与交流、教学资源共享，该项目建立了一个电子商务专业的“江西省创新实验区”网络平台。网站地址为：www.ecebe.com。该网站的主要作用如下：

（1）提供交流平台。“江西省创新实验区”的最大成果就是加强了各个用户之间的交流，不光是教师与教师之间的交流，同时也提供了学校、教师、学生、企业、政府五方互动交流，极大地方便了电子商务专业教育综合改革及知识体系的研究工作，加强了信息的沟通和交流，突破了时间和空间限制，提高了工作效率。

（2）共享教学资源。"江西省创新实验区"网站中的"教学资源库"提供了免费教学资源，为广大教师与学生对信息的获取提供了更大的便捷。教学资源共享的建立弥补了各个高校教学资源的不平衡，同时也大大降低了成本，用较低的成本享受更大的成果。

（3）丰富教学内容和教学手段。江西省创新实验区高等学校电子商务专业知识体系网站的建立可以改变传统的教学方式，为教师和学生提供一个广阔的平台，丰富了教学的内容和教学手段，增加了教师授课的趣味性，同时又可以使同学了解电子商务的相关理论和政策，紧跟时代的步伐。

（4）提供实践机会。"江西省创新实验区"网站中的"实践基地"板块可以向学生提供相关的专业实践机会，并就其实践内容与结果进行多方论证，大大扩充了学生的实践范围与实践视角，加深了学生对电子商务流程与实现机制的认识，锻炼了学生综合运用商务与技术的能力。

电子商务作为21世纪的新兴专业，专业建设是一个长期而又艰巨的任务，10余年来，各高校在电子商务专业建设方面作了一些有益的探索，在今后的专业建设中，必须继续坚持"素质教育"和"创新教育"理念，以市场需求和素质能力培养为核心，深入进行电子商务专业教育改革，构建人才培养质量保障体系，提高人才培养质量，为满足市场需求、促进经济社会发展培养更好更多的电子商务人才。

第三章　特色专业建设研究

随着高校教育从精英教育进入大众化教育阶段，以及高校教育国际化步伐的逐渐加快，同时面临社会对高校优质教育资源要求不断提高的压力，高等教育必将从数量型向素质型进行转变，从而使得品牌型专业和特色型专业成为各高等院校生存和发展的核心竞争力。

教育的核心是学校，学校的核心是专业，专业建设水平是反映学校综合教育水平和竞争力的一项重要指标。为了适应高等教育日益激烈的竞争，满足市场对人才多样化、多层次的需求，特色专业的多样化将成为决定各高校特色专业建设成功与否的重要内容。

专业建设是一项带有全局性和综合性的系统工程，涉及人才培养的各个方面，要以专业建设为主线，从整体上进行系统的教学改革，全面提高人才培养质量，从而使教学工作迈上新台阶。而品牌专业和特色专业建设是专业建设的有力“抓手”，加强特色专业建设是高校在高等教育大众化新形势下的必然选择，也是新时期高校深化教育教学改革，提高人才培养质量的重要切入点和落脚点。

当前，国内高校的特色专业建设还处在起步阶段，许多问题，如特色专业的内涵、特色专业的多样化性质及标准等还缺少深入、系统的研究。本研究有助于丰富特色专业多样化建设的理论基础，同时对国内高校的特色专业建设的实践提供一定的研究价值。①

---

① 王玉霞. 高校品牌特色专业研究［J］. 扬州大学内刊，2009（8–11）.

一、特色专业建设的条件研究

1. 特色专业的内涵

我国高等教育中“专业”一词，形成于 1952 年下半年，即新中国成立后第一次院系调整时期，完全是模仿苏联教育的做法。“专业”一词在当时的解释是“一行专门职业或专长”，是“培养高级专门人才的目标”。

“专业”一词，广义上是指知识的专门化领域，这里特指的专业是指当专业与培养人的活动相联系时，往往就成为一种培养人才的基本单位，演变成一种教育实体。这个实体形成的主要依据是学科分类，其任务是对高深的专门知识进行分类的教与学。由此可知，高等教育究其本质实际上是一种以学科为本的专业教育，专业结构是学科结构与学科分类在人才培养上的体现，专业建设则是高等学校的一项教学基本建设。①

从学校的角度看，专业是为学校承担人才培养的职能而设置的。从社会的角度看，专业是为满足从事某类或某种社会职业必须接受的训练需要而设置的。专业处于学科体系和社会需求的交叉点上，包含人才培养目标、课程体系以及专业教育中的教育者和受教育者三大基本要素。其中，专业培养目标规定了各专业所要培养的人才应达到的基本素质和业务规格，是专业的灵魂；课程与课程体系是专门化知识的教与学的活动系统，是学科、职业与专业间的联系和桥梁；教育者和受教育者则分别是人才培养的主体和客体。②

特色专业是高校在一定的办学思想指导下和长期的办学实践中逐步形成的具有特色的专业。具体而言，特色专业是指一所学校的某一专业，在教育目标、师资队伍、课程体系、教学条件、人才培养模式和培养质量等方面，具有较高的办学水平和鲜明的办学特色，已产生较好的办学效益和社会影响的专业。特色专业建设是进一步优化高校专业设置，提升专业建设的整体水

① 大冢丰. 现代中国高等教育的形成［M］. 北京：北京师范大学出版社，1998.

② 王伟廉. 高等教育学［M］. 福州：福建教育出版社，2001.

平，提高人才培养的质量、效益和人才竞争力的重要手段。建设特色专业必须先确立自己的特色，并且不断加以深化完善和升华。特色专业建设目标应包括教学、科研和社会服务三个方面。培养目标应该是培养“厚基础、宽口径、强能力”的创新性、应用型人才。特色专业建设首先应该符合学校学科专业的整体发展规划和布局，符合社会人才需求的现状和变化趋势，应与学校的办学方向、层次、规模、能力和特色相适应。①

2. 高校特色专业建设的条件研究

（1）外部条件研究。外部条件为高校特色专业建设提供了发展机会，同时也制约着特色专业的建设。影响高校特色专业建设的外部条件主要有以下几个方面：

1）社会需求：高校担负着为社会培养合格的高层次人才的重任，社会的需求就是学校对人才培养的导向，人才市场对人才需求的专业方向、数量和层次影响着特色专业的选择方向，而人才需求状况又取决于国家和地区的经济、社会、技术发展状况以及国家的产业政策调整等。

2）相关高校专业建设情况：不同高校根据自己的实际，对同一个专业的建设存在一定的差异性。因此，在专业建设中要塑造自己的特色，就先要充分了解其他高校该专业的建设情况，以寻找差异点，然后根据自己学校的实际，确定自己的专业特色和发展方向。

3）与社会的联系状况：应用和创新是高等教育培养的主要目标，也是专业发展的一个主要方向，社会对毕业生的认可度、学生的就业率、毕业生在企事业单位的工作状况等，对于特色专业的建设起着至关重要的影响。②

（2）内部条件研究。内部条件既是高校特色专业建设的基础和保障，也是专业建设能否突出特色的重要因素。影响特色专业建设的内部条件主要有以下几个方面：

1）教学观念：特色专业建设是一项涉及创新和变革的教学改革活动，必须更新传统的教学观念，转变专业的发展方式，适应时代和社会发展的需要。

2）师资队伍：师资队伍建设是特色专业建设的根本保证，由于特色专业

① 于仲安，梁建伟. 地方高等学校特色专业建设研究［J］. 中国电力教育，2010（22）：36-38.
② 郑确辉. 论高校特色专业建设［J］. 教育与职业，2006（30）：19-20.

建设是一个系统工程，包括招生、授课、实践、服务、就业等一系列工作，需要一个由团结协作、敬业奉献、热情服务的教师及管理人员组成的团队来共同完成。

3）教学硬件基础：教学硬件包括基础设施和教学设备，根据特色专业建设需要，要具备必要的教学基础设施、教学设备、实践基地、图书资料等。

4）课程建设和教材建设：课程建设是培养目标实现的基本途径，在课程体系、教材选择上必须围绕专业特色而设置，突出专业特色，学生通过学习，培养专业特色。

5）教学软件基础：教学软件包括教学过程实施、实践教学创新体系、教学改革与管理等，在硬件基础上，通过软件建设，凸显专业特色。①

二、高校特色专业建设的方法研究

1. 特色专业建设的原则和要求

（1）特色专业建设的基本原则。目前，我国高等教育还是按专业划分来培养人才。因此，专业建设的水平高低，直接关系到人才培养的质量，这是建设特色专业的初步想法。特色专业的建设，旨在根据国家经济、科技、社会发展对高素质人才的需求，引导不同层次、类型的高校根据自己的办学定位，确定自己的个性化发展目标，发挥已有的专业优势，办出自己的专业特色，提升专业建设的整体水平，提高人才培养的质量、效益和人才竞争力。特色专业建设必须坚持以下原则：

1）适应性原则。特色专业建设要适应内外部环境的变化，根据环境的变化及时作出相应的调整，增强专业针对性和定向性。首先，特色专业建设要能够适应经济、科技、社会发展的需要，坚持以市场为导向，满足市场对人才的需求，增强竞争力，提高就业率，努力培养满足社会需要的高素质专业人才。其次，特色专业建设要与本校专业的整体发展规划与布局相一致，与

① 张泮洲，侯立松. 浅议高等学校特色专业建设［J］. 教育与职业，2004（1）：22-23.

本校的办学方向和本校特色相适应，把握本校特色专业建设的战略方针、总体目标，整合本校资源，结合自身特点将专业办出特色。

2）创新性原则。打造特色专业是高校教学改革的一项探索性、创新性的工作。在特色专业建设过程中，要遵循特色专业自身的发展规律，既要保持和发展已有的优势，又不能故步自封，要以超前创新的眼光，瞄准未来学科专业的发展趋势，不断开辟新方向，在不断创新中保持优势，使特色专业充满前景。

3）科学性原则。特色专业建设是一项复杂的系统工程，必须坚持科学性原则。要采取"人无我有，人有我优，人优我新"的差异化策略，考虑学校自身优势和区域经济社会发展状况，科学合理地确定学校特色专业建设的总体目标，集中力量进行重点建设，强化优势和特色，确保专业领先地位。

4）示范性原则。要通过特色专业的建设，带动相关专业建设和发展。同时，通过相关学科专业的建设，又可进一步强化特色专业的建设。总之，要善于以特色专业建设为契机，充分发挥特色专业的示范带头作用，稳步推进专业建设工作，促进学校学科专业建设工作整体水平的全面提升。

5）协调性原则。协调性包括特色专业建设本身的协调性和与院校其他专业建设的协调两方面。特色专业建设不仅会引起学校组织机构某种程度的变革，而且必然触及高校原有教学模式的方方面面。对于特色专业来说，改革与稳定之间的协调很重要，它不但涉及专业建设的质量，也涉及人才培养模式、办学模式和教学模式等众多复杂的问题。①

（2）特色专业建设的实施要求。

1）特色专业建设首先要依据不同高校的办学定位，对建设专业的专业定位、学科背景、办学条件来确定自己的个性发展目标，办出自己的特色。

2）特色专业建设要根据学校不同层次和类型，强化特色、突出能力、结合社会需求和发展要求达到自己的办学目标。

3）特色专业建设要有明确的建设目标、思路、方案，以及建设成果预测，要围绕人才培养，体现专业标准。

4）特色专业建设要以现有的师资队伍建设情况、教学条件、人才培养质量和社会评价等为基础，确定对人才培养方案、管理制度、考试管理、课程与教材建设、实践教学等方面内容的教学改革。

① 郭爱煌. 本科教学质量工程中特色专业建设问题的探讨［J］. 中国电子教育，2007（3）.

5）特色专业建设要从专业标准、人才培养标准、课程体系、教材建设、精品课程、实践教学、师资队伍、管理制度、保障体系等方面着手，依据学科发展要求和人才要求，科学而有计划、有步骤地实施。[①]

2. 高校特色专业品牌打造的途径

（1）结合办学实际，选择特色专业进行重点建设。对特色专业进行品牌打造，首先面临如何选择特色专业进行重点建设的问题。具有品牌的专业是一个具有生命力、发展稳定、市场前景广阔的专业。同时，更重要的是其本身必须有一定的基础，它往往由历史文化积淀而成，专业配置力量较强，如集聚了一流的师资、拥有先进的教学设备和条件等。因此，高校在选择特色专业进行品牌打造时，应充分考虑学校的办学特色与特色专业的学科基础。各地高校的办学是以服务地方区域经济与社会各项事业的发展为目标，特色专业品牌打造应选取那些与地方经济和社会发展紧密结合的、能较好地利用和发挥地方资源优势的专业。适应该地区当前经济发展建设需要的新兴的交叉学科，若具有发展潜力，对其进行重点建设，也能办成学校的优势专业。品牌专业本身必须具备一定的基础，在选择时侧重选择师资力量强、教学条件好、教学质量高和在同地区同类院校中有明显优势的专业进行品牌打造，从而形成具有明显地方特色与优势的品牌专业。[②]

（2）强化特色专业的“特色”。特色专业要打造成品牌专业，就要培育、凸显其“特色”。“特色”就是“人无我有，人有我优”。地方高校的学科办学水平较发达地区相比存在一定差距，但各地区在自然资源、地理区位、社会环境、人文文化等方面都有着自己鲜明的特点和优势。在专业建设方面结合地方的特色，优化资源配置，走产、学、研相结合的道路，充分挖掘专业发展的潜力，突出专业的应用性，满足地方经济与社会发展对人才的需求，在服务地方的同时，形成特色鲜明、优势突出的品牌专业。[③]

（3）优化师资队伍，形成科研团队。师资队伍是专业建设的重要保障。

---

① 姚荣. 论西部边疆地区高校特色专业品牌打造的路径选择［J］. 当代教育论坛，2010（12）：76–77.

② 张正国. 本科专业建设的比较、思考与实践［J］. 中国高等教育，2002（3）.

③ 张弛. 转型时期高师院校学科建设策略研究［J］. 清华大学教育研究，2006（2）.

师资队伍结构合理、数量充足、水平高是品牌专业外在特征之一。师资队伍的建设，即要围绕特色专业建设的需要，培育、配备具有学科专业特色的师资队伍。加强与中、东部地区密切相关专业的交流与学习；鼓励中青年教师进修学习；培养和引进学术带头人；鼓励教师到相关产业领域的一线进行交流与合作；聘请著名的专业学者和高水平的专业人才到学校任教或开展讲座，建设一支教学经验丰富、科研能力强、结构合理的师资队伍。同时，还要努力构建素质优良、教学与科研综合水平高、结构合理的特色专业建设的科研团队，科研促进特色专业品牌这项系统工程的建设，促进教师科研实践能力的提高和专业成长。①

（4）创新人才培养模式。作为地方本科院校，人才的培养应侧重于培养“有一定理论基础，动手能力强，适应性强，有创新精神”的应用型人才。因此，应广泛吸收国内外先进的办学理念和专业建设的观念，创新人才培养模式，培养具有较高专业素质、较强创新能力的人才。创新人才培养模式体现在人才培养的目标定位、课程体系与教学内容、教学方式等环节。特色专业人才培养的目标，应在坚持本校人才培养目标的基础上突出专业特色，这些特色体现于课程及培养方式上。在课程体系方面，应拓宽专业口径，增加选修课的比例，使学生打牢专业基础，具有较强的适应性，还能满足学生个性发展的需要；对一些课程进行整合、重组，使之与社会经济发展需要相适应。在培养方式上，注重学生应用能力的培养，组织学生开展社会实践活动，参与科学研究，进行创新性试验，提升学生的应用能力与创新能力。②

（5）优化教学管理。教学管理始终是品牌专业建设的基础性工作，需要从管理上求质量、求效率，而学生个性的发展及特色专业人才的培养需要有相应的教学管理制度为其提供宽松的育人环境。完善特色专业的教学管理制度，赋予院系专业建设与教学管理的自主权，对充分挖掘特色专业建设的潜能、促进特色专业品牌打造具有积极的作用。③

（6）做好专业宣传。特色专业的品牌打造要提高学校的办学水平和突出鲜明的办学特色，但也要获得社会的认同。宣传是让社会了解学校、提高学

---

① 殷翔文. 积极调整高等教育学科专业结构 大力建设品牌专业和特色专业［J］. 中国高教研究，2001（9）.

② 杨健康，章兢. 湖南大学本科专业建设的探索与成效［J］. 中国大学教学，2007（5）.

③ 杨红旻. 关于我院办学特色的探讨［J］. 河南职业技术师范学院学报，2006（1）.

校知名度的一种途径，合理的宣传对提升特色专业的品牌效应具有积极的作用。特色专业的宣传对毕业生的就业也是极为有利的，用人单位对高校毕业生的了解很大一部分来自于对毕业生所在院校的专业宣传。对特色专业进行品牌打造是高校在竞争中获得发展的重要战略手段。①

3. 特色专业建设的基本步骤

特色专业的建设过程，包括通过专业内外部环境调查和分析来确定专业特色、专业建设规划、特色专业建设和运行等若干环节。②

（1）确定专业特色。首先，应进行充分的外部条件调查和分析，主要包括市场人才需求和潜在的发展状况、相关高校本专业建设情况、本校学生在社会上的认可度、毕业学生的意见反馈等，做到准确的市场定位。其次，要对学校内部资源和优势进行充分的评估，确定特色专业建设的内部条件。最后，根据内外调查和分析，本着“适应性、创新性、科学性、协调性”等特色专业建设的原则，结合本专业的现状，加以凝练和提升，确定专业的特色。③

（2）特色专业建设规划。特色专业建设规划是指导特色专业建设的总纲。要根据学校的办学定位与办学指导思想、学科发展规划制定特色专业建设规划，明确特色专业建设的战略与目标，明确特色专业建设的主要内容。④

（3）特色专业建设和运行。特色专业建设是一个涉及教育等多方面内容的系统工程，建设的内容包括围绕特色的培育和形成，配置相适应的教学资源，做好相应的教学管理工作。特色专业的建设是一个动态的过程，按照特色专业的建设规划，不断充实特色专业建设的内容，根据市场的变化，不断修正特色专业建设的内容，确保特色培育的有效性、实时性和稳定性，保证特色专业建设的质量。⑤

---

① 熊和平，徐挺，吕全忠. 区域经济与地方高校办学特色［J］. 宁波教育学院学报，2006（2）.

② 夏宏奎. 论新建本科院校的学科建设［J］. 江苏高教，2006（1）.

③ 吴倩. 研究教学型模式下的品牌专业建设战略［J］. 江苏高教，2005（6）.

④ 王永红. 关于我院学科建设的几点思考［J］. 伊犁师范学院学报，2006（3）.

⑤ http：//baike.baidu.com/view/2745450.htm.

三、特色专业的评价与监控

1. 专业评价的目的和作用

（1）专业评价的目的。专业评价是以专业为对象，依据评估标准，利用可行的评估手段，通过定性或定量分析对专业进行价值判断的过程，诊断专业建设中存在的问题和不足。它既是对高校各种专业的教育质量的评判，也是高校办学水平评价的重要组成部分，还是建立学校教育质量保障体系的重要内容。

专业评价的总体目的是为了加强专业管理，推进专业建设水平。评价目的是开展评价活动的出发点和落脚点。评价目的规定着评价活动的开展和评价的方向，专业评价是手段，加强专业管理是基础，促进专业建设是动因，而提高水平与质量是目标。① 专业评价的具体目的如下：

1）促进个体学习。评价提供了信息和指导，评价不仅仅是对学生的学业（课程学习、实验、实习、毕业论文、社会实践等）进行检查，而且是为学生学习服务的，其目的在于提高学习质量和效率，促进学生的学习，是学生学习的动力和源泉。评价应体现以人为本的思想，为人的终身发展服务，而不在于对学生进行分等或鉴定。

2）改善教学。通过评价，了解教师在教学过程中存在的问题、学生在学习过程中存在的障碍、教学内容适应学生与反映社会需要的程度、教学人员教学方法与学生的适应程度等，从而改善教师的教学工作。例如，从评价者来看，通过听课，了解授课教师的教学情况，了解整个专业的教学状况与水平，帮助院系采取针对性的改进措施。同时，从评价对象来看，教师们在接受检查的过程中，思维处于极度的紧张状态，运用教育教学理论反复琢磨教学内容与教学方法，从而促进教师教学质量的提高。

---

① 黄伟九，刘军跃. 坚持学科、专业与课程建设“三结合”促进特色学科建设［J］. 重庆工学院学报，2006（4）.

3）提升科研水平。科研对于教学具有良好的促进作用，不进行科研的教师是不可能有高质量的授课的。科研也是促进学科水平、使知识体系深化的手段。通过评价，检查学科专业的科研方向与定位、科研工作开展的情况、科研水平与科研成果，对于提升学科专业的整体实力，提升教师的科研水平都具有促进作用。

4）改善专业设置和课程体系。专业评价，从某种意义上说是对专业进行“诊断”与“治疗”。新专业建立之后，专业应如何进行建设，哪些专业符合社会发展需要与学校自身的实际，哪些专业已经不适应人才市场的需要而应该淘汰，通过评价的方式来进行，将有助于改善专业设置，从而建立起专业的动态管理机制。同时，通过对课程体系的评价，帮助学校修正专业定位、明确学科专业特色、优化课程体系，有助于使专业的培养目标通过课程体系及时对社会需要做出主动反映，达到人才培养规格的要求。

5）改进管理工作。在专业建设过程中，管理是重要的环节。就教学而言，教学计划的管理、课程编制的管理、教学过程的管理、教学环节的管理、教学手段的管理都影响着教学的质量与水平。就科研而言，科研立项的管理、科研课题的管理、科研成果的管理等也影响着科研水平的提高。应通过对这些方面管理工作的评价，诊断管理工作中存在的问题，从而加强与改善管理工作。

6）为咨询决策提供参考。专业评价的一个重要目的就是为教育决策提供重要依据。专业评价的结果是一份咨询材料，国家教育管理部门或学校要根据专业评价的结果，及时调整有关专业方面的决策。①

（2）专业评价的作用。

1）专业评价是专业管理的重要手段。专业管理包括目标的管理、过程的管理、结果的管理，从要素上看，也包括对人的管理、对物的管理、对财的管理、对事的管理。专业评价是专业管理的重要手段。通过专业评价，可以看到专业的状态，交流专业建设经验，诊断存在的问题，制定整改措施。通过专业评价，有利于加强对专业的宏观指导和组织管理、引入竞争机制、建立动态管理机制，督促后进、鼓励先进，并实现重点专业及相关专业间资源的合理配置和交流。通过重点专业的示范作用，促进专业结构的调整与优化

---

① 邹晔. 结合专业进行项目开发建设品牌专业的“产学合作中心”[J]. 机械职业教育，2006(10).

和专业水平的全面提高。通过评价，淘汰一些资源占有大、建设水平低、与社会脱节的专业，同时增加一些与社会发展相适应、与学科发展相协调的专业，从而使学校的专业处于一个动态变化之中，在变化中再次建立相对稳定的状态。①

2）专业评价是专业建设的重要环节。专业建设主要包括专业定位与专业方向规划、专业的硬件建设、专业制度建设、专业队伍的建设、专业文化建设、专业评价等方面内容。专业评价就是对专业的定位、规划、实施、效果及反馈的评价，评价的过程及结果都对专业的建设起到重要的作用，是专业建设的最后环节，也是非常重要的环节。②

3）专业评价是提高专业水平的重要措施。专业评价的目的是促进专业建设水平的提高，实现高等学校培养人才的根本任务，实现发展科学、服务社会的职能。以评促建、以评促改、以评促管、评建结合、重在建设是评价的指导原则。评价目标的设定、评价过程的监控、评价指标体系的科学化与合理化、评价结果的反馈都是服从与服务于专业建设的。在专业建设水平提高的诸多措施中，通过评价的机制来促进专业建设的水平，通过评价制度的建立来保障专业水平，是一个不但重要而且行之有效的措施。

总之，在专业建设过程中，专业管理、专业建设、专业评价三者是相辅相成、相互促进的关系。③

2. 完善特色专业的评价与监控

(1) 特色专业的评价。特色专业的评价和监控可由学校内部和校外两大部分构成，评价和考核标准应尽可能量化，以便做到客观公正，监控应尽量做到实时，以便及时修正和补充。

一般来说，校级特色专业由学校内部批准建设和评价考核，而省级及以上特色专业的认定、评价和考核要由教育主管部门来进行。特色专业的称号不应是终生的，应规定一定的有效期，要建立淘汰制度，优胜劣汰，对不合

① 朱中华. 论新建应用型本科院校品牌专业和特色专业建设与评价［J］. 黑龙江高教研究，2005 (10).

② 朱光俊，吕俊杰，万新，杜长坤，韩明荣. 冶金工程品牌专业建设的目标［J］. 中国冶金教育，2006 (3).

③ 周兆德. 关于我校学科建设的基本思路［J］. 华南热带农业大学学报，2006 (3).

格者淘汰出局，以利于激励和约束特色专业建设部门保持和巩固特色，并给新建特色专业以机会和动力。①

由于特色专业的办学质量涉及社会和用人单位的需求和认可，故在制定评价标准和进行评价时，有必要吸收一些政府机关、事业单位、企业等人力资源需求和管理相关部门参与。

特色专业的评价指标应和一般专业的评价标准有所差别。比如，对于专业定位为就业导向的应用型特色专业，就不一定要用学生考取研究生的比率高低来衡量办学绩效。

主管部门应定期向社会公布特色专业的建设和评价结果，以利于考生报考和督促学校努力提高特色专业办学水平。由于外部环境和内部条件的变化等多种原因，在特色专业建设和运行过程中，可能会出现一定的偏差。②

（2）特色专业的监控。特色专业建设和运行过程中，学校、社会和主管部门要对建设情况进行监控，以保证专业的建设和运行，能够和建设计划保持动态适应。学校可以成立特色专业指导委员会负责监控，其成员由政府机关、事业单位、科研院所、企业、咨询机构等有关部门的专家组成，监控内容包括：专业建设是否按照计划进行，是否达到预定目标，社会知名度和美誉度是否得以提高，特色专业建设中的教学资源分配和利用情况如何等。对于特色专业建设和运行中出现的问题，监控部门要加以分析，找出偏差出现的原因，如属于可控制的不利变化，要督促专业建设部门尽快加以纠正。③

特色专业的建设不是一蹴而就的，它是一个长期积累的过程，在建设和运行过程中，要保持稳定性和动态性的统一。这就要求特色专业建设在保持稳定性的同时还要保持一定的动态性，要随着内外部环境的变化做出相应的调整。④

本章虽然在理论研究的基础上建构了特色专业建设的目的、意义、内容和评价监控体系，但这在很大程度上是一个理论上的建构，而非实践之中的具体形态，因此还有待进一步的实践证明；另外，本章中有一些观点及看法不甚全面和科学，还需进一步研究及深化，这都是笔者今后需要努力的方向。

---

① 周晓辉，骆少明，陈舒怀. 大众化高等教育阶段高校办学特色的建设［J］. 高教探索，2006（3）.

② 赵立增. 基于高职院校核心竞争力培养的品牌专业建设策略研究［J］. 继续教育，2006（8）.

③ 张正义，刘珊. 打造品牌专业提高核心竞争力［J］. 山西教育，2005（5）.

④ 侯立松. 论高等学校特色专业建设的一般过程［J］. 辽宁教育研究，2005（12）.

第四章　电子商务特色专业多样化、个性化理论探讨

20世纪90年代以来，是我国高等教育规模迅速扩大的时期。目前，中国高等教育毛入学率已经达到17%，标志着中国已经迈入高等教育大众化的门槛。

高等教育的大众化必然伴随着高等教育的多样化、个性化。一方面，科学技术的发展必然带来社会生产、生活的现代化，必然需要多样化的人才；另一方面，青年求学的要求和自身能力是个性化的，这种多样化、个性化的需求，推动高等教育多样化、个性化，多样化、个性化是高等教育发展的动力。高等教育大众化使越来越多的人能够接受高等教育，但对高等教育本身而言，高等教育的多样化、个性化则是用尽可能多的方法提供适合人们需要的高等教育。

随着高等教育多样化、个性化的发展，教育观念的改变、教育功能和规模的扩大，高等教育层次类型多样化，人才培养目标和模式多样化、高等教育课程体系和教学方式多样化等都显现出来了。与此同时，高等教育办学主体多样化、投资方式多样化、管理模式多样化、评价体系多样化也都在推进。伴随着多样化的进程，我们感受到的是中国高等教育的繁荣和发展、活力显著增强。但是，高等教育多样化、个性化并不仅是一种单纯致力于为满足高等教育规模、层次、结构、办学形式的变化，而是向一个成熟的、优质的多样化、个性化高等教育体系发展，其核心价值在于以人为本，尊重个体选择、尊重个性，真正从人的发展需求来决定高等教育的发展，把实现人的全面发展作为高等教育的目标和价值追求。高等教育多样化、个性化是以人们价值观的转变为基础，反映的是个性被充分尊重，这实际上就是一种文化构建高等教育的发展趋势，高等教育正在变成实现人的全面发展的工具，成为个性潜能发挥和个体价值实现的阶梯。

从国际上看，高等教育大众化的过程与高等教育多样化的过程是紧紧联

系在一起的。以美国为代表的发达国家在20世纪60年代左右就通过走高等教育多样化的道路，不仅满足了公民对接受高等教育的强烈需求，化解了社会危机，而且也确立了高等教育在世界上的领先地位。

美国是世界上最早开展高等教育多样化运动的国家。从殖民地时期以哈佛大学为代表的单一的教会学校，发展至南北战争时期的赠地学院，再到以服务地方经济为主的州立大学。“二战”后，大量退伍军人要求接受高等教育，加之出生高峰期的儿童也到了上大学的年龄，美国高等教育的多样化路径再创奇迹，创新地设立了两年制的社区学院，从而完成了高等教育系统的构建。

英国的高等教育具有悠久的历史传统。工业革命之前，英国的高校成为了世界其他国家特别是美国模仿的典范。虽然在后续发展过程中落后于美国，但其在高等教育多样化方面，还保持与世界同步甚至领先的发展状态。至今，英国的高等教育形成了由古典大学、近代大学、城市大学、新大学、多科性技术大学以及高等师范学院组成的有机系统。

澳大利亚的大学则确立了四大分工明确的类型：一是办学历史悠久，以培养未来科学家、大学教授为主的研究型大学；二是应工业化发展而建立起来、实施学术性的大学；三是随着高等教育大众化发展起来的应用型大学；四是以实施高等职业教育为主的高职院校。[①]

与国外高等教育多样化、个性化发展的成功经验比较，我国高等教育多样化、个性化发展落在了发达国家后面。但自1999年我国开始实施高等院校“扩招”政策以来，我国高等教育进入了快速发展时期。

电子商务专业作为21世纪的新兴专业，为了适应高等教育多样化、个性化发展趋势，满足经济社会发展对电子商务多样化人才的需求，满足个体对高等院校电子商务专业教育的需求，应该加快电子商务专业教育改革，加快推进电子商务特色专业建设，使电子商务特色专业真正做到多样化、个性化，这也是本章探讨的课题。

① 周江林. 我国高等教育多样化发展的理论基础及现实选择［J］. 荆门职业技术学院学报，2007，22（1）.

一、电子商务特色专业多样化、个性化的理论基础、理论研究假设与理论研究价值

1. 理论基础

（1）高等教育多样化的理论基础。高等教育产生后，在不同历史时期、不同地域呈现出不同的发展态势和速度，这给高等教育理论界的学者们提供了寻找高等教育发展规律的机会。20 世纪五六十年代后，国外对高等教育发展规律的认识达到了高峰，在高等教育发展理论方面取得了突破，先后涌现出了一大批关于高等教育发展理论的文献。高等教育多样化理论基础主要以马丁·特罗的高等教育阶段发展理论和伯顿·克拉克的高等教育分层论为代表，下面重点介绍这两种理论。

1）马丁·特罗的高等教育阶段发展理论。在国外高等教育理论中，美国著名高等教育家马丁·特罗提出的高等教育阶段发展论最为著名，马丁·特罗教授是高等教育大众化理论的最先提出者。

他从哲学层面揭示了高等教育发展在数量和质量之间的辩证关系。这种理论从量变到质变这一发展观出发，将高等教育发展分为三个阶段：精英教育阶段、大众化教育阶段和普及化教育阶段，并规定了每个发展阶段所具备的最低量值，如果毛入学率达到 5%，则为精英阶段；超过 15%，则为大众化阶段；50%以上就进入了普及化阶段。特罗教授断言，“几乎在所有情况下，学生数量的增长都先于其他方面的变化”，只有量变在先，才有后面的质变。他提出了精英、大众和普及高等教育三个阶段的数量指标，进而剖析了三个阶段高等教育观念、功能、管理和课程等方面所存在的质的变化。特别是他在认真分析美国 20 世纪 30 年代末期高等教育进入 15%的区间所产生的变化后指出，高等教育规模在量上的增加，必然会导致高等教育的全部活动都要发生变化。

这种理论的特点就是将定量与定性有机结合，突破了传统上要么重定量分析要么重定性分析的做法。这种理论告诉我们，大众化的进程包含量的增长与质的变化两个方面，是两者相互统一的过程。量的增长是人们所熟知的适龄青年入学率达到 15%~50%。质的变化具有广泛的内涵，包括教育观念的改变、教育功能的扩大，办学主体多样化、投资方式多样化、管理模式多样化，培养目标和教育模式的多样化，以及课程设置、教学方式方法、入学条件以及高等教育与社会的关系等一系列的变化。例如，高等教育由精英教育阶段进入大众化教育阶段，高等院校的培养目标必将发生根本性的变化，这种改变主要是指从满足培养少数英才的国家需求转向同时满足更广泛的社会需求和公民个人需求，高等教育的主体部分也不再是培养精英人才，而是着重培养应用型、职业型专门人才。

马丁·特罗的高等教育发展阶段理论于 20 世纪 80 年代初期就被介绍到我国，但并未引起广泛的重视，因为当时高等教育大众化在我国还是遥远的事情。但近几年来，随着我国高等教育大众化目标的提出，人们开始进行理论和实践上的探索。

2）伯顿·克拉克高等教育分层理论。美国著名高等教育家伯顿·克拉克在《高等教育系统——学术组织的跨国研究》一书中，把高等教育系统的权力分配自底部到顶部分为三个结构六个层级：

①底层结构，包括第一、第二层级。

第一层级是主要的运行单位——系或讲座、研究所的结合。

第二层级是几个运行单位的集合，同时又是大学和学院的一部分，通常称作“学部”。

②中层结构，即第三层级。这是最能辨认的层级，即整所大学或学院。

③上层结构，包括第四、第五、第六层级。这三个层级是日益包罗万象的行政管理实体。第四层级是多校园的学术管理组织。这一层级试图将所有下属组织组成一个系统，但又是低于政府本身的一级正规权力层次。它首先是指多校园的或邦联制的大学，如加利福尼亚大学系统，包括 9 所大学；其次是指州或地区的高等教育系统，它包含某一类院校，例如州的社区学院系统。第五层级是州、省或市政府本身。在这里，“权力”具体体现在政府的一个部或局，行政首脑和立法机构通常也是影响的源泉。第六层级是最高级层级，即一国的政府及其有关的部局与立法机构。

这六个层级均可以看作是作出决定的地方，也是某种形式的权力的居留地。同层级所拥有的权力的范围、重要程度以及权力的源泉、参与决策的群体及代表可能很不相同。

高等教育系统因各种权力之间的矛盾增多而变得日益复杂，系统内的活动受到各种力量的推动和牵制，其纷繁复杂的局面使人困惑。伯顿·克拉克教授把高等教育系统的这些矛盾看作是有序状态和无序状态之间的矛盾，并找出了四类有序和无序之间的矛盾："由学科构成的系统底层和行政部门组成的系统上层之间的差异而引起的矛盾；上层建筑内部本身产生的矛盾；基层单位所特有的矛盾；有序倾向和无序倾向互相转化的演变。"对于这些有序和无序的矛盾，伯顿·克拉克运用了混沌理论的观点，对高等教育系统的权力冲突及整合作了合理的解释，打破了以往被多数人认为的高等教育系统有序合理的思维定式，为研究高等教育系统多样化的后来者提供了新的思路。伯顿·克拉克认为，在高等教育系统的存在状态和发展趋势中，具有优先性质和占据主导地位的发展倾向是权力的分散化、支持多样化及无序的合法化。①

（2）高等教育个性化的理论基础。培养创新型人才是当代教育改革的核心。创新与个性有着密切的关系，只有充分发挥个性，才有创新。实施个性化教育，培养创新性人才，是当今培养人才中的一种探索式教育模式。

个性化教育就是以尊重个体独特性和差异性为前提，以提供多样化教育资源和自主选择为手段，以提升个体的创新能力和促进个体全面发展为目的的教育。

个性化教育理念是时代发展的产物。随着全球一体化和信息时代的到来，高等教育面临一系列重大变化，教育核心价值从大工业时代整齐划一的共性教育向尊重差异、尊重个性的信息时代个性教育的价值回归。与传统教育处在大工业时代的集体授课模式相比，信息技术的发展让教育处在了改革进步的前台，让个性化的教育和同伴互助有了现实路径，改写了师生之间、生生之间的传统互动关系。信息技术与教育改革、课程改革全面融合，对个性的尊重使全天候教学成为可能。

在世界教育发展史中，国外许多著名的教育家都倡导个性化教育思想。较为著名的是美国教育心理学家兰祖利 20 世纪 80 年代中期提出的个体——环境互动的优化教学理论。兰祖利认为传统的教育常常向学生灌输大量知识，却没有教会学生如何运用这些知识。死记硬背的知识，是呆滞的知识。兰祖

① Burton R. Clark. The Higher Education System: Academic Organization in Cross -National Perspective [M]. Los Angeles: University of California Press, 1983.

利认为掌握知识不是目的，掌握有效的处理现实问题的工具，包括创造新知识的工具才是目的。同时，兰祖利深受美国哲学家、教育家杜威和英国数学家、教育家怀特黑德等教育思想家的影响，认为只有当学生的兴趣被充分调动和学生个体的爱好被尊重时，学习才会主动、生动和有效。兰祖利的优化教学理论包括学生个体和教学环境（教材内容、教学方法）两大方面，其基本论点是学生个体的内部环境和学习的外部环境必须形成良性互动，以达到优化的目的。学生的兴趣、能力、特长可以通过以前的学业记录间接了解到，但学生在成长过程中可能出现新的变化，因此最有效地把握学生的这些特点的方法是观察其在与有关学习材料、教师或者校内外专家接触过程中的反应、行为和表现。这样，学生的兴趣热点、投入程度、执著程度、对问题的敏锐性、设想的新颖性就能在具体的教学情境中显现出来，为进一步设计相应的教学活动提供准备。培养人才完全是一个互动过程：环境提供机会，个人则利用这些机会展示自己的潜力，创造能力成为培养目标贯穿于整个教学模式和活动中。这一理论倡导实施丰富教学模式，而丰富教学模式是以培养创新人才为教育宗旨，最大限度地为学生创造条件，以发展他们的特长、才能和兴趣。学生不再被视为“考试机器”，而是具有鲜明个性的发展中和成长中的主体。总之，该理论主要揭示了在实施个性化教育中，注重学生的兴趣爱好、个性发展以及成长环境对学生的个性培养具有重大意义。[①] 苏联教育家苏霍姆林斯基认为：没有也不可能有抽象的学生，每个孩子都是一个世界——完全特殊的、独一无二的世界。20 世纪 50 年代末 60 年代初，美国人本主义心理学流派代表人物马斯洛、罗杰斯根据人类自身的发展特点，提出了反对行为主义的人本主义教育目标，即培养能够适应变化的、知道如何学习的、个性充分发展的人，并形成了一种重要的社会思潮——人本主义教育思想。它对人性持乐观态度，以重视人的价值为核心，强调受教育者的主体地位与尊严，重视受教育者发展的主体性、全面性和差异性，从而最大限度地激发他们的主动性和创造性。尽管这种教育思想过分追求和张扬人的个性、自由及潜能的发展，但其内隐的对受教育者关心、理解和尊重的教育理念，与作为科学发展观核心的以人为本所倡导的“尊重人民主体地位，发挥人民首创精神，保障人民各项权利，促进人的全面发展”是相吻合的。

---

① 袁玎，张优智. 创新型本科生实施个性化教育的理论与探索［J］. 石油教育，2007，2（1）：68–70.

个性化教育就是培养受教育者良好个性素质的教育，是针对整齐划一的传统教育提出的。整齐划一的传统教育即千篇一律的模式化的教育，它表现为无视或忽视受教育者的个性特点，不顾社会发展的需要和具体地区、学校的特殊性，以统一的要求、统一的标准、统一的教育内容、统一的教育形式和方法，塑造同一规格的人才。与之相反，个性化教育则是强调尊重人的个性，承认个体之间的差异，采用多种教学手段发挥人的潜能，培养人的创造能力，从而使人的个性素质得到全面、充分、和谐发展的教育活动。

教育的对象是人，高等教育要以人为本，这是高等教育多样化、个性化的出发点和落脚点。因此，高等教育要尊重学生个体的差异性、独特性、自主性和创造性，实施个性化教育，依据学生的志趣、才能、资质、特长和爱好加以引导，激发学生的潜能，培养学生的创新精神和实践能力，实现人的全面发展。

2. 理论研究假设

研究假设是研究者根据经验事实和科学理论对所研究的问题的规律或原因做出的一种推测性论断和假定性解释，是在进行研究之前预先设想的、暂定的理论。简单地说，即研究问题的暂时答案。

教育科学研究的是一个复杂的认识过程。在长期科研实践中，人们总结归纳出了进行教育科学研究的一般过程，包括选择问题、提出假设、变量识别、抽样、实验设计、论证、展开研究和研究成果的表述。

教育现象和过程是极为复杂的，需要研究的教育问题也很多，然而并非每个教育问题都有进行科学研究的价值，就是有科学价值的问题，如果受到主客观条件的制约，也并非都可以作为研究对象。

研究中应把握科研方向，要注意理论研究与应用研究的关系。符合科学合理的要求，一般说来，好的教育科学研究假设，一是具有科学性，二是陈述具有明确性，三是具有可检验性。[①]

为了使电子商务本科教育满足社会和个体的多样化需求，进一步加强电子商务专业建设，对电子商务专业的多样化、个性化研究的假设是极其重要的。多样化、个性化的研究与实践是电子商务专业建设的基础，是创新专业

① 百度百科. 研究假设，http：//baike.baidu.com/view/437144.htm？ fr=ala0_1.

人才培养模式和完善电子商务专业教育的前提条件。下面在电子商务专业定位研究的基础上提出多样化、个性化的研究假设。

(1) 电子商务专业定位研究。电子商务是商务的电子化，是要充分利用网络等电子化手段来完成整个商务流程，以实现整个贸易活动的目的。电子商务有两个基本的内容：一个是电子化方式；另一个是商务活动。

跨学科设置交叉复合型学科专业，是培养和发展新兴学科的重要途径，也是国际上许多发达国家本科专业建设的共同趋势。电子商务专业正是由经济学、管理学、工学、法学等相关学科的专业知识交叉融合而形成的21世纪的新兴学科，它顺应了时代的发展，实现了以经济发展为目的、以技术为工具手段、以现代管理体系为依赖的现代商务发展新模式。

鉴于电子商务专业的交叉融合性和专业知识技能的复合创新性，以及就业市场的广阔多样化、个性化和开设本专业的高校的类别特点，对电子商务专业应该采取一个专业多个方向。目前，根据市场需求，可把电子商务专业确定为三个方向：商务类方向、工程类方向、高级经管类方向，这三个方向在经济管理知识、信息技术和技能体系方面各有侧重。

从电子商务专业的定向可见，电子商务专业对人才素质能力方面的要求是“一专多能”，即博学和专攻，也就是既要在经济学、管理学、工学、法学等各个领域有一定的专业理论知识和技能，又要在其中某个方向有扎实的专业基础和较强的专业能力。

(2) 电子商务专业的多样化、个性化研究假设。基于电子商务专业定向研究，对于电子商务专业的多样化、个性化的研究假设，是集成的、多元复合体，对学科、理论、实践和行业都有硬性要求。概括来说，有以下具体特点：

1) 信息技术硬科学与经济管理软科学的集成化。电子商务人才不能“欺软怕硬”，应当具备“电子”与“商务”两方面的复合知识和技能。

2) 理论、实践与创新的集成化。重视理论和实践教学；与多家业界领先的电子商务企业与企业实际紧密结合，建立实习基地，使学生接触企业电子商务实际，了解各种系统开发、商业模式及其典型应用；以各种电子商务竞赛和大学生创新计划为载体，搭建大学生创新实践平台。以多种教学方式培养学生分析问题、解决问题的能力和创新创业的能力。

3) 学习、生活与“经商”的集成化。在电子商务专业内部将学生的学习、生活与“经商”实践融为一体，充分借助校内、校外两种资源，创新专业学习方式。主要在两个方面创建新型培养模式：一方面引导学生利用高校

的信息化氛围，学习、研究和体验校园生活的电子商务化；另一方面鼓励和指导学生进行“经商”实践，去“商海”冲浪，尝试“经商”的过程。通过合作代理、自建购物网站、借助大型网购平台等方式，创建“生活化和商业化”的学习氛围，创造专业理论与实践无缝连接的电子商务培养环境，提升学生市场分析、网店定位与运营、与合作企业沟通等一系列商务策划和实施的专业技能。

4）教学、科研与行业特色的集成化。电子商务专业应依托于行业电子商务的发展基础、市场人才需求，做到电子商务系统开发、应用和管理与人才培养紧密结合，教学研究、科学研究、学校管理与特色专业建设紧密结合。例如，可引导电子商务专业学生承担和参与各种专业网站建设工作，这些项目为学生“参与式”教学提供了良好的学术基础和行业应用案例，形成了较为鲜明的专业教学特色。

3. 理论研究价值

目前，学术界对电子商务特色专业多样化、个性化研究很少，缺乏促进电子商务特色专业多样化、个性化发展的理论体系。因此，本章对电子商务特色专业多样化、个性化理论研究的价值进行探讨，希望可以引起学术界的重视，促进对这方面的理论研究。

电子商务特色专业的多样化、个性化理论研究的价值，最根本的就是深化对经济社会多样化、个性化发展趋势和电子商务专业的认识，促进高校对电子商务特色专业建设的改革创新，对专业进行准确定位，合理确定人才培养目标和培养模式，改进教学内容和教学方法，突出教学实践，提升教学质量，提高专业人才综合素质和能力，促进专业可持续发展，为我国经济社会发展做出更大的贡献，使电子商务专业成为社会和学生欢迎和认可的专业。

以下运用SWOT分析方法，建立电子商务专业SWOT矩阵（见表4-1），对电子商务专业的发展进行分析。

通过以上运用SWOT分析方法对电子商务专业的发展进行分析，使我们看清了电子商务的优势、劣势、机会和威胁，充分认识到电子商务多样化、个性化特色专业建设的重要性和紧迫性，充分认识到对它的理论研究价值。因此，要从满足市场和学生的需求出发，以改革创新的精神，推进电子商务特色专业多样化、个性化的研究和建设，促进专业发展，更好地满足市场对

表 4–1　电子商务专业 SWOT 矩阵

优势	劣势
跨学科设置交叉复合型学科专业，是培养和发展新兴学科的重要途径，也是学科发展趋势，电子商务专业是交叉复合型的新兴学科，它顺应了社会发展趋势，而且电子商务快速发展，给电子商务专业的发展带来了机遇，因此电子商务专业的发展前景广阔	因为是新兴专业，电子商务理论体系、人才培养模式、课程体系、教学方法、教材编写等各方面工作都处在探索完善之中；师资力量较弱，教师大都来自其他专业，电子商务知识欠缺，在电子商务理论上一时难以做到多学科交叉融合、有机统一，缺乏电子商务实战经验；专业知名度和影响力不高，社会认可度不高
机会	**威胁**
电子商务发展受到国家重视，"十二五"期间将得到更多政策扶持；电子商务发展迅速，市场对电子商务专业人才的需求旺盛，需要不同类型、不同层次的电子商务多样化人才	一些高校没有根据市场需求进行专业定位，专业定位不准，培养目标定得太高，人才培养模式雷同，学生什么都学，什么也不精通，培养出来的学生核心竞争力不强，不能满足市场对电子商务多样化人才的需求，加上就业面临来自多个相同学科和跨专业毕业生的激烈竞争，就业率不高，同时也给招生带来了隐患

电子商务多样化人才的需求，实现理论研究价值。

在深入了解电子商务特色专业的多样化、个性化研究的理论基础上，通过理论研究假设提出问题，引出研究主题，充分认识电子商务特色专业多样化、个性化特点研究的重要性和迫切性，确定理论研究价值，推进电子商务特色专业的多样化、个性化建设。

二、电子商务专业的多样化、个性化研究

1. 电子商务特色专业的多样化

电子商务专业的多样化体现在电子商务专业具有的复合性、实用性和技能性特征上。

（1）专业多样化体现在其复合性特征上。电子商务专业具有复合性特征。电子商务专业是涉及管理学、经济学、工学、法学等多个学科的复合型专业，因此电子商务人才是复合型人才。电子商务专业这种跨学科、复合性特征带来了教学内容的多样化，但教学内容的多样化决不意味着复合型知识是将多

个专业学科简单地拼凑在一起，而是在电子商务这种现代商务模式的基础上将它们整合起来形成一个有机整体。电子商务人才掌握的知识决不只是用于应用或修补的工具，而是一种新的现代商务活动方式，他们具有完整的电子商务观，了解电子商务环境下的商务组织、管理和业务方式及其特点，理解电子商务决不仅是商务手段和方式的更替，而是整个商务运作体系的变革。①

（2）专业多样化体现在其实务性特征上。电子商务专业具备很强的实务性特征，仅掌握电子商务理论是不能成为企业的适用人才。企业需要具有能够迅速适应和进入电子商务实务环境、熟练地制定具体的电子商务解决方案、熟练运作电子商务业务活动的能力和具有从实务中学习和进步能力的人才。因此，理论联系实际是电子商务专业教学的指导思想。在教学方式上，不仅要有理论教学，还要突出实践教学、突出动手能力的培养。学校的电子商务实践教学是学生将来进入社会进行实际操作的基础。实践教学包括实验室教学、案例教学、深入企业进行具体项目的实务性操作等。

（3）专业多样化体现在其技能性特征上。电子商务专业是一个技能性很强的专业。一是专业课程大都是技能性较强的课程。电子商务专业课程设置一般分为专业基础课和专业课，其中，专业基础课包括市场营销、金融贸易、基础会计、企业管理、财务管理、网络技术及应用、会计电算化、办公软件操作和数据库等；专业课包括电子商务概论、电子支付、网络营销、电子商务物流、静态网站设计、动态网站设计、网络安全和电子商务法律等。这些课程都强调技能培养，强调动手操作能力的培养。而且，从事这些课程对应的工作，有的工作国家规定需要持有职业资格证书，有的工作国家设有统一的技能等级考试并颁发等级证书，如营销师职业资格证书、电子商务职业资格证书、计算机等级证书、会计证等。二是目前市场需要不同类型的有技能的电子商务专业人才。从目前市场对电子商务人才的需求来看，电子商务专业人才分三种类型：商务类、工程类和高级管理类。商务类人才技能要求则是侧重掌握从事电子商务策划、系统开发、运营与管理等基本技能，这类人才是电子商务人才的主体；工程类人才技能要求是侧重掌握计算机网络技术，能进行电子商务网站建设和维护；高级管理类人才偏重掌握经济、管理技能。以上所述的电子商务专业技能特征，也是电子商务专业的多样化体现。对此，

① 石彤，陈建斌. 电子商务就业岗位与专业实践教学特色定位［J］. 物流教学，2009，15（1）：105-108.

电子商务专业在培养目标上要依据市场需要来确定不同类型的电子商务人才的培养目标。目前，一些学校制定电子商务专业的培养目标是培养新一代的集商务、技术、管理于一身的全才，这种全才培养目标脱离了市场实际需要，学生技术课程学一点儿、商务课程学一点儿、管理课程学一点儿，结果什么也学不精，什么也干不成。

2. 电子商务特色专业的个性化

（1）专业个性化的时代体现。电子商务人才的培养是一项系统工程，观察电子商务发展的潮流可以发现，第一代电子商务中，更多侧重技术把重心放在“电子”之上，强调网站电子商务，虚拟商业形态的特殊性，强调提供网上产品。2000 年以来，第二代电子商务的模式开始向传统业务和网下业务回归，强调商务中务实、理性的一面，强调服务。第三代电子商务，正越来越多地强调商务体验，因此要从“以顾客为中心”这个高度重新认识电子商务，为顾客提供个性化的电子商务服务，这正是电子商务专业个性化的不同时代的体现。

（2）专业个性化的层次体现。上面阐述过，电子商务专业人才一般分为商务类、工程类和高级管理类三个类型。这里按年轻人求学的个性化需求划分，电子商务专业人才还可分三个层次：职业教育、本科教育、研究生。据资料表明，大学、独立设置的学院、高等专科学校、高等职业学校、成人教育学校、远程教育学校都开办了电子商务专业。不少学校盲目追求人才培养层次上的高目标，这是脱离实际需要的。高等院校在电子商务专业的培养目标上，应充分满足个性化需求，除了应考虑不同类型的电子商务人才培养问题，还要充分考虑不同层次的电子商务人才的培养问题。

（3）专业个性化的行业体现。电子商务专业的特色体现在其服务于各行各业，但总的概括为产品和服务。不同行业需要不同的电子商务专业人才，不同的个体也会有学习不同行业的电子商务专业知识的需求，这也是电子商务专业个性化在行业和个体上的体现。不同行业对电子商务人才的要求是，除了掌握电子商务的理论知识和操作能力外，还要掌握本行业的业务知识，这是电子商务专业个性化的行业体现。根据行业和个体实际需求，为电子商务学科设计多个专业方向，如服务电子医药电子商务、媒体电子商务、汽车电子商务、地产电子商务方向等，为行业服务。再如，旅游电子商务会对人才有旅游专业素养的要求，财经类的电子商务对人员的财经专业知识的要求，

这也是个性化的体现。因此，电子商务专业不同的专业细分要求是电子商务专业个性化的又一大表现。

通过对电子商务特色专业的多样化、个性化的研究，了解、掌握了电子商务特色专业多样化具体体现在电子商务专业的复合性、务实性、技能性特征上，了解了个性化的电子商务服务和个体学习电子商务专业知识的需求，这有助于准确定位电子商务特色专业、合理确定人才培养目标和培养模式，推进电子商务特色专业建设。

三、电子商务特色专业的多样化、个性化的现实价值

1. 对准确定位电子商务专业、合理确定电子商务专业人才培养目标和模式的作用

电子商务专业多样化、个性化的实践，有利于电子商务专业准确定位、合理确定电子商务人才培养目标和模式。实现电子商务特色专业的多样化、个性化，必将促使高校根据市场对电子商务人才的需求和本校实际，认真分析研究和解决电子商务专业定位、电子商务人才培养目标和培养模式等问题。电子商务专业定位、电子商务专业人才的培养目标和培养模式确立，必须坚持以下原则：

（1）坚持多种类型多个层次培养电子商务专业人才。这就要求高校在电子商务专业定位、电子商务专业人才的培养目标和模式确立上，充分考虑市场对商务类、技术类和高级管理类等不同类型电子商务人才的需求和学生对职业教育、本科教育、研究生等不同层次的求学需求。

（2）坚持理论联系实践。要做到理论和实践相结合，抓住提高应用能力这条主线，创新电子商务人才培养模式，使学生专业理论知识不断丰富，实践技能不断加强，应用能力不断提高。

（3）坚持培养创新型人才。电子商务快速发展对电子商务人才的培养提出了更高的要求，需要电子商务人才具有创新、开拓能力，这就需要对电子

商务人才的培养模式进行创新，要发挥多学科优势，坚持知识、素质、能力协调发展的原则，加强学生综合素质和创新精神的培养，满足电子商务市场对于创新型人才的需求。

2. 对提升电子商务专业教学质量的作用

电子商务专业特色多样化、个性化的实践，有利于提升电子商务专业教学质量。

（1）教学内容上要适应多样化、个性化的要求。要科学设置课程体系，搞好教材建设。课程设置和教材建设是实现人才培养目标的基本途径，决定着学校的教学内容和学生的知识结构，直接关系到人才的培养质量，也体现专业特色。一方面，要按照“厚基础、宽口径、高素质、强能力”的基本原则，在课程设置方面，要坚持统一性和多样性相结合，拓宽专业口径、灵活专业方向，形成专业人才培养特色，同时要加强对学生综合素质的培养，使学生具备创新创业精神和运用所学知识解决实际应用问题的能力。要以提高专业人才的技能为核心，构建特色模块化课程体系。电子商务专业的课程体系可划分为四大模块：共同基础课模块、学科基础课模块、专业基础课模块、专业方向模块。可将电子商务专业的培养模式确定为“2+1+1”模式。“2+1+1”表示 2 年共同基础课和学科基础课教育，1 年专业基础课，1 年专业方向课。前 2 年的共同基础课和学科基础课教育，力求给学生奠定良好的知识结构和基础知识平台。“1+1”实施的是 2 年的电子商务学科体系内容为主的专业培养，通过 1 年的专业基础课，使得学生具备较为扎实的专业知识；在最后 1 年，根据学生的个性和爱好进行电子商务多个方向的分流。实践环节的训练贯穿在学生大学整个学习过程中，使得学生具有电子商务的理论知识和相应的实际运用能力。另一方面，由于特色专业建设一般具有独特性，一般都缺乏现成的、公开出版的、针对特色培养的教材，高校可以根据自身的特色需要，结合教学实践和经验，自编教材，并根据教学实际不断完善。①

（2）在教学方式上要适应多样化、个性化的要求。要改进教学方法，突出实践教学。采取“内外结合”的教学方式。对内，在强化对专业理论知识的掌握的同时，通过模拟型实验教学，使学生直接感受电子商务的应用流程，直观

---

① 田西壮. 不同层次电子商务专业人才培养的研究［J］. 商场现代化，2006（3）：128–129.

地理解电子商务的原理和实际过程。对外，可以采取“请进来，走出去”的方式提高教学效果。“请进来”即聘请行业专家来校讲学，使学生充分了解电子商务的发展趋势、行业动态和案例，弥补课堂理论教学的局限性；“走出去”即通过社会实践活动，与企业建立稳定的合作关系，为学生提供实习实训基地，使学生更多地了解企业，加深学生对电子商务的理性认识和实际操作，把所学知识服务于社会，同时自觉认识自身水平与社会要求的差距，从而增强学生学习的目的性、积极性和主动性。总之，通过教学、科研、社会服务的教学途径，可促进形成电子商务专业产、学、研合作教育的新模式，加强职业技能的培养。

3. 对提高电子商务专业人才创新创业能力的作用

电子商务专业特色多样化、个性化的实践，有利于提高电子商务专业人才的创新创业能力。

随着经济全球化的深入发展、科技日新月异，科技、教育、人才竞争在综合国力竞争中的重要性日益凸显，社会需要大批创新创业人才。高校要紧紧抓住机遇、有力迎接挑战，大力发展高等教育事业，努力培养、造就一大批创新创业人才，加快转变经济发展方式，坚持走中国特色新型工业化道路，增强我国发展后劲和国际竞争力，不断推动科学发展。

高校的电子商务专业教育，要围绕培养创新创业人才目标进行教学改革，要以尊重个体独特性和差异性为前提，以提供多样化教育资源和自主选择电子商务专业方向为手段，抓好创新创业教育，努力提高个体的创新创业能力。在抓好创新创业实践教学方面，要在教学计划中加大创新创业实践教学比例，丰富创新创业实践教学内容，构建电子商务专业创新创业实践教学体系。构建创新创业实践教学体系，是以实现培养学生的创新创业精神和实践能力为目的，把学科通识的广度教育与专业的深度教育有机结合，理论知识和技能协调发展，努力培养学生的创新创业意识、思维和健全的人格以及实践能力。构建创新创业实践教学体系，要为学生动手、动脑，运用所学知识开展创造性、实践性活动提供空间与平台，加强学生创新创业实践能力的训练和培养。创新创业实践教学体系，应包括课程实验、课程设计、认识实习、管理实习、学年论文、大学生创业基础、生产实习、毕业实习、毕业设计等环节。其中，课程实验是通过电子商务模拟软件让学生系统地接受电子商务业务流程实训，掌握电子商务应用系统的基本开发技能和实际运作能力；认识实习和管理实习是让学生深入电子商务企业，现场考察电子商务公司商务运作模式、商务网站的运营及设计技术，使学生对电子商务运作由抽象到具体，进而由感性认识上升到理性认识，为设计电子商务系统奠定基础；学年论文安排在三年级的暑期进行，指导教师给出论文题目，学生在教师的指导下，学会如何收集资料、分析总结，按照指定的格式和要求写出一篇不少于 5000 字的论文，通过这一环节，培养学生的写作与科学研究能力，为后续的毕业设计论文的写作打下基础；毕业实习的内容是根据毕业设计或毕业论文选题而定，若要完成一个电子商务系统的规划和设计，必须深入到工商企业或贸易营销部门，在相关人员指导下对贸易营销各环节进行实际操作，掌握业务流程和基本操作技能，了解企业信息流、物流、资金流的运转情况，对贸易营销系统进行分析并提出商务电子化解决方案，为毕业设计做准备。电子商务专业创新创业实践教学体系按分类、分层次的金字塔形设计和实施。底层为基础技能培养层，由各课程的课程实验组成，各课程实验都包含必做实验和选做实验，安排选做实验的目的是鼓励学生的个性化发展，加强创新创业能力培养；中间层为系统设计能力培养层，由课程的设计性综合性实验和专业核心课程的课程设计等组成，每个学生都要接受专门训练和实训，强化应用型能力；上层为创新创业训练层，是为部分优秀学生设置的，学生可以根据自己的能力和兴趣完成自己拟定的课题，参加有关专业竞赛或参加导师的科研，完成导师指定的课题等，培养学生的科研能力和创新创业能力。①

以上通过分析电子商务特色专业多样化、个性化对电子商务专业定位、确立电子商务人才培养目标和培养模式，提高电子商务专业教学质量和提高电子商务专业人才的创新创业能力三个方面的作用，充分认识电子商务特色专业的多样化、个性化研究的现实价值。

本章在总结前人研究的基础上，通过对电子商务特色专业的多样化、个性化问题、电子商务特色专业多样化、个性化理论研究的价值进行了深入的研究探讨，提出了要针对市场对电子商务人才多样化的需求和个体对高等教育多样化、个性化的求学需求，抓好电子商务特色专业建设的改革创新，对专业进行准确定位、合理确立电子商务人才培养目标和培养模式，提高教学质量，努力培养复合型、实用型、创新创业型电子商务人才，促进电子商务专业可持续发展。

---

① 潘旭华，尉斌，张波. 电子商务专业创新型应用人才培养模式研究［J］. 计算机教育，2009 (15).

第五章 电子商务特色专业多样化建设方法研究

一、研究背景及研究意义

随着网络的迅猛发展和网民数量的剧增，新兴的电子商务行业得到了强势的支持。根据2011年7月6日中国电子商务协会数字服务中心发布的《2011年中国电子商务行业研究报告》的统计数据，2011年Q2中国电子商务整体交易规模为1.7万亿元，相比Q1增长了13.3%。报告预测，2012年中国电子商务总规模有望突破6.4万亿元。巨大的电子商务市场的形成，使得社会对电子商务人才的需求日趋迫切，专家预测，未来10年，我国电子商务人才缺口将达到200多万。然而与此形成鲜明对比的是目前电子商务专业的毕业生面临越来越尴尬的就业问题，电子商务毕业生普遍无法直接上岗，就业率仅为20%，远远低于普通高校其他专业84%的就业率。如何能够培养满足市场多样化需求的电子商务人才，是值得人们思考的问题。为了解决这个问题，并根据《教育部、财政部关于高等学校本科教学质量与教学改革工程的实施方案》的要求，各级各类高校应加强专业建设，按照优势突出、特色鲜明、新兴交叉、社会急需的原则，发挥自身优势，加强电子商务特色专业多样化建设。对于不同层次、不同类型的高校要根据自己的办学定位，确定自己的个性化发展目标，发挥自身已有的专业优势，办出自己的专业特色。要在多年的电子商务教学的基础上，通过不断摸索、改进和完善教学计划、模式，实现高校电子商务特色专业多样化，努力培养更多的满足市场多样化需求的人才。[①]

二、电子商务特色专业多样化建设方法研究综述

目前，市场对电子商务人才需要量大和电子商务专业毕业生就业率较低同时并存的现象，造成这种现象的根本原因在于电子商务人才培养问题。一方面，因为电子商务专业是跨学科设置交叉复合型的新兴专业，电子商务专业所涉及的多学科交叉理论研究滞后，新兴应用模式又不断涌现，探索完善、适应经济社会发展和市场需求的电子商务人才培养的路子需要时间。另一方面，各高校的电子商务专业是在专业方向定位不清、课程体系设置不科学、师资力量不足等情况下开设的，专业建设中过多地考虑了招生的需要，而没有对市场电子商务人才多样化的需求状况进行调查分析，从而导致培养出的学生不能成为市场的适用人才和电子商务专业毕业生就业难的问题的产生。对此，各有关高校为满足市场对电子商务人才多样化的需求，开始了电子商务特色专业多样化建设。目前，各高校的电子商务特色专业多样化建设还处在起步阶段，需要不断研究探索，总结好经验、好方法，不断提高电子商务特色专业多样化建设水平。高校要抓好电子商务特色专业多样化建设，除了需要多方面的支持外，还必须有好的建设思路、建设方法。电子商务特色专业多样化建设涉及专业方向定位、师资队伍的建设、人才培养模式构建、课程体系的设置等方面工作，对每一方面工作都有多种方法可供选择。本章对电子商务特色专业多样化建设方法进行了研究，并归纳出一些建设方法。例如，在电子商务特色专业定位上，要按照教育部高等学校电子商务专业教学指导委员会编制的《普通高等学校电子商务本科专业知识体系》关于“一个专业多个方向”[②] 的专业定位要求，以市场为导向，结合高校自身优势来定位。据此，本章介绍了从电子商务专业知识体系划分的四大知识领域的视角、从产业的视角、从行业的视角等多种视角来选择电子商务特色专业方

① 洪华秀，姚菊英，夏克坚. 项目教学法与特色电子商务专业建设研究［J］. 新西部，2010（12）.

② 教育部高等学校电子商务专业教学指导委员会. 普通高等学校电子商务本科专业知识体系［M］. 北京：高等教育出版社，2008.

向的方法。

三、电子商务特色专业方向的选择

市场对电子商务人才多样化的需求，要求高校对电子商务专业方向做出多样化的定位。下面，介绍几种选择电子商务特色专业方向的方法。

1. 从电子商务专业知识体系划分的知识领域的视角选择特色专业方向

教育部高等学校电子商务专业教学指导委员会编制的电子商务专业知识体系依据专业学科分类和知识内容将电子商务专业知识划分为四大知识领域，每一个知识领域代表一个与电子商务专业密切相关的学科领域方向。这四大知识领域是：与管理学科相关的统称为电子商务管理知识领域，与经济学科相关的统称为电子商务经济知识领域，与计算机和信息技术相关的统称为电子商务技术知识领域，另外涉及电子商务基本概念、法律法规、标准体系、发展战略等其他综合内容都统一归入电子商务综合知识领域。

高校可从以上四大知识领域的视角，结合自身的实际选择电子商务特色专业方向，四大知识领域就对应四个专业方向，即经济型电子商务特色专业方向、管理型电子商务特色专业方向、技术型电子商务特色专业方向、综合型电子商务特色专业方向。

2. 从产业的视角选择特色专业方向

电子商务与产业相结合，产生了不同产业的电子商务，即农业型电子商务、工业型电子商务、服务型电子商务，产业的发展必定对电子商务人才有所需求。

高校作为电子商务人才培养的重要基地，为了满足产业发展对电子商务人才的需求，可从产业的视角来选择电子商务特色专业的方向，即选择农业型电子商务特色专业方向、工业型电子商务特色专业方向、服务型电子商务特色专业方向。

3. 从行业的视角选择特色专业方向

电子商务与行业相结合，产生了不同行业的电子商务。一些高校办学具有鲜明的行业特色，一些高校所处地区拥有行业优势，这些都是高校自身具备的资源优势，它们的电子商务特色专业方向可从行业视角进行选择。

从行业的视角可以把电子商务分为旅游型电子商务特色专业、物流型电子商务特色专业、房地产型电子商务特色专业、金融型电子商务特色专业等。

如果是旅游行业的高校，其旅游专业就具有优势，那么可选择旅游型电子商务特色专业方向，学生在学习电子商务专业知识的基础上，学习一些旅游管理方面的知识，就很容易成为懂得旅游知识的电子商务人才。当高校所处的地区处于交通枢纽，那个地区的物流业一般比较发达，这种情况可选择物流型电子商务特色专业方向。总之，高校电子商务专业与行业相结合，可为市场培养具有行业知识的电子商务人才。

4. 从高校所在地区的视角选择特色专业方向

高校电子商务特色专业方向的选择，可以从高校所在地区的视角进行选择。我国地大物博，每个地区的经济和文化，都有自身优势和特色，高校可将地区经济和文化优势作为电子商务特色专业的方向选择。

例如，景德镇是我国的陶瓷之都，陶瓷文化源远流长，被称为世界文化艺术瑰宝，陶瓷是其主要产业。景德镇的高校可选择陶瓷型电子商务特色专业方向，为地方特色经济发展服务。又如，山东省结合本省的农业方面的特色，建立了山东省农业与农村信息化综合服务的电子商务平台，提供最新的供应信息和求购信息，促进农产品的销售，促进农业的发展和农民的增收。山东省的一些高校可以选择农业型电子商务方向，为农业发展输送电子商务人才。

四、师资队伍建设

师资队伍建设是提高学校核心竞争力的关键，也是电子商务专业建设的“瓶颈”。高校要培养既有较强理论水平，又有较强的实践动手能力的电子商务专业毕业生，必须努力建设一支专兼结合、结构合理、具有较高教学水平和实践能力、适应电子商务教育需要的师资队伍，只有教师自身练就了十八般武艺，才能教授弟子一身过硬的本领。

1. 以“双师”素质为重点组建专兼结合的教学团队

调整和优化师资队伍的结构，建立一支“双师型”教学团队。要采取培养和引进相结合的方式，组建专兼结合的教学团队。要加大骨干教师的培养力度，加大引进高层次人才的力度，引进充实一批学历层次较高、专业基础扎实、动手能力较强的高素质的专任教师。要聘请电子商务行业和企业的高层管理人员和高级技术人员担任兼职教师，兼职教师队伍相对稳定，但随着合作企业的扩大、岗位的增多以及教学项目的实施要有其他兼职教师加入，以此形成动态的兼职教师教学团队。

2. 努力提高教师的业务素质

组织教师学习现代教育理论和现代教育技术，掌握现代教育方法和技术手段，转变教育思想和教育观念，探讨符合学校实际和教师自身特点的教育教学新模式。开展多样化的教学和科研活动，努力提高教师的教育科研素质和能力。鼓励教师参加与电子商务专业相关的学术会议、学术团体，有计划地选送相关教师到名校培训及参加电子商务师资培训班，提高高校教师在电子商务领域的理论知识和对电子商务前沿技术的把握；积极与企业培训机构建立合作关系并开展合作项目，以便教师能够了解电子商务专业各领域的最新动态，及时更新教学内容。[①]

3. 重视教师实践能力的培养

由于电子商务是实践性很强的专业，因此高校要大力加强与企业的合作，鼓励教师到企业挂职锻炼，定期选派部分教师到企事业单位参与电子商务、物流、营销与策划等实践工作。通过校企合作，一是加强了学校与企业、行业的联系，教师为企业解决实际问题，而企业则为教师提供实践场所，为校外教学提供实训基地。二是教师具有了如何使教学贴近实际应用的经历，同时为电子商务专业建设和课程建设提供了重要的理论依据，使理论起到正确的指导作用。

五、人才培养模式构建

在电子商务人才培养设置方面，坚持统一性和多样性相结合的原则，在保证人才培养基本质量的同时，拓宽专业口径、灵活专业方向，加强学生的创新精神和实践能力的培养，形成专业人才培养特色，充分反映学校的整体定位和办学特色。

1. 工学结合培养模式

在工学结合培养模式下，学生可以在学校集中学习一段时间，然后到合作企业实习，也可以在学校和企业之间实行多次工学交替，边学习边工作，工学结合，最终完成学业。这种培养模式，能充分调动学生的自主学习能力。学生在学校学习理论知识，在企业实习时可以应用所学知识并加深对理论的掌握，对于遇到的问题，还可以通过再次回到学校学习来解决，能够促进学生自主解决问题能力的提高。

---

① 王晓红，薛万新，田玲. 应用型大学电子商务专业师资队伍建设探索［J］. 中国电子商务研究中心，http：//www.100ec.cn/detail--4907518.html.

2. 基地培养模式

此模式下，学校起主导作用，学校独立地制定学生的人才培养方案，按照培养方案的安排，开展正常的教学活动。到了实习阶段，学校为了提高学生的实践能力，选择合适的企业作为学生进行生产实践的实习基地，使学生能在就业前了解企业的运营情况，熟悉企业的运营环境，提高岗位适应能力及对所学知识的实际应用。比如，熟悉和掌握电子商务流程以及网站后台的管理，掌握上网搜寻资料和信息的加工整理，掌握网络营销技巧和实施方案设计等。

3. 双向互动培养模式

学校和企业建立长期稳定的合作关系，双方在电子商务人才培养目标、培养模式等方面达成共识，共同制定教学培养方案。企业可以根据市场的需求，通过参与人才培养目标的制定，形成以能力为本位、以实践为主线的培养体系。通过企业的参与，专业设置和课程体系更符合企业的需要。在合作中，企业选派专家作为兼职教师到校兼职带课，学校指定教师定期到企业进修实习，双方共同评价教学效果。

4. 订单培养模式

在订单培养模式下，由学校与企业签订人才培养协议，企业在学校选拔接受订单教育的学生，对学校和学生提出培养要求和培养目标。学校和企业双方共同制订培养方案，学校负责实施人才培养方案，以满足企业的人才培养需求。在整个人才培养过程中，企业负责提供相应的实习设备、部分专业师资以及一定的资金支持。接受订单教育的学生毕业后按照协议直接到企业工作。①

① 中国电子商务研究中心. 浅析电子商务专业校企合作培养模式［J］. 现代营销·营销学苑，2011（9）.

六、实验、实训、实践平台建设

实验、实训、实践平台建设，目的在于为学生提供电子商务实际操作的平台，训练和培养学生的电子商务操作能力。

1. 建立电子商务创新实验区

可通过建立创新实验区，开展电子商务专业研究和建设，在这方面，江西省率先建设了全国第一个省级普通高等学校电子商务专业知识体系创新实验区，为老师和学生提供研究交流、教学资源、学生竞赛、创业等共享的平台。

2. 建立校内电子商务实践基地

建立校内电子商务实训室，实训室的软硬件要满足实践教学的要求。电子商务实训室的建立，能使学生亲自参与电子商务的各种交易模式，扮演交易中的各种角色，在实训中掌握专业技能。

3. 建立校内电子商务平台

学生可以通过校园网登录该平台进行在线购物，并且可以利用“校园一卡通”完成在线支付，在老师的指导下由电子商务专业学生直接参与平台的建设和经营管理，让学生在管理这个平台的过程中亲自组织包括进货、物流配送、后台管理、网络营销、售后服务等在内的所有事务，零距离接触电子商务，全过程参与网络运营。通过参与平台的建设、管理和经营，让学生熟悉技术平台构建，掌握谈判的技巧及电子合同的签订流程，领悟网络广告、网上销售商品的选择、网上商品的定价等网络营销原理，懂得如何根据网民特点去创造合适的电子商务模式并将访问量转变为盈利，掌握市场调查、数据分析等网络营销手段等，为学生走上电子商务工作岗位前提供一个“热身”

的机会。

4. 建立电子商务创业基地

建立电子商务创业实践基地非常必要和迫切，基地为每个创业团队或创业个人提供了电脑、电话、24 小时网络创业工作室，并提供创业生活补贴等，真正为大学生创建一个“零投入、零风险”的创业孵化基地。有了这样的实训基地，学生可以在一个全真的职业环境中进行创业的实践，就能自我进行技能训练，为创业打下较好的基础。电子商务创业基地，可由政府主导建立，也可校企合作建立。

七、课程体系设置

为了使学生成为市场电子商务方面的适用人才，高校课程体系设置必须脱离以理论教学为主的模式。电子商务专业课程体系设置必须遵循的总原则是：根据行业和地区经济所需要的电子商务专业的培养目标，根据市场的人才需求而应具备的知识、能力和素质来进行课程设置。在信息时代，电子商务发展相当迅速，如果课本理论已过时，培养的学生势必无法适应飞速发展的电子商务的需要，因此课程体系要达到理论要先进实用，实践要可操作的要求，教师要搜集电子商务发展最新的理论和实践进行授课，保证学生尽可能地掌握新知识、新技能。

1. 基于以工作过程为导向的电子商务专业课程体系设置

基于以工作过程为导向的课程体系，强调以“学生为中心”，让学生“先做后学”、“边做边学”，使学生在学习中亲身经历结构完整的工作过程，从而逐步提高社会适应能力和创新能力。

要以工作过程为导向开设课程，开设的每一门课应对应一个完整的工作过程，每一门课程的教学活动都应包括理论与实践内容，提高学生的理论水平和操作能力。学生到中小企业工作，一些企业往往还没有开发网站，若学生掌握了网站建设的基本技能，就能为企业开发、设计电子商务网站，对于这个工作过程，就要设置商务网站设计与制作实训的理论与实践课程，学生通过这些课程的学习不仅掌握了网页设计理论还掌握了电子商务网站制作，培养了学生设计、开发等独立工作的能力和创新意识。学生如果将来从事电子商务的主要工作是网络营销，就要经常要进行网上市场调查与分析，对于这个工作过程，就要设置市场调查与分析课程，让学生掌握市场调查的基本理论，然后进行网上调查问卷设计，学会利用 Excel 强大的统计功能进行市场资料的整理、分析和预测。这些课程的设置提高了学生的技能，使电子商务专业的课程体系更体现了实用性。①

2. 基于以创业为导向的电子商务专业课程体系设置

大学生创业主要由在校大学生和高校毕业生群体组成，他们发起了我国大学校园的创业活动。大学生创业已被全社会关注，其中利用网络进行网上创业更是符合大学生创业的新兴事业，不少高校都创建了淘宝培训班，鼓励大学生从事网上创业，起到了非常明显的效果。

要运用以上阐述的基于工作过程的电子商务课程体系教学方式，结合创业导向，可以培养出既有较强的专业能力，又具有较强方法能力和社会能力的电子商务复合型人才。电子商务复合型人才的培养，需要高校从专业能力、方法能力和社会能力这三个维度出发，设置注重能力、强化实践、尊重学生个性发展的电子商务专业课程体系。可以采取专业技能课程体系+创业型技能实战训练课程体系模式。其中，专业技能课程体系中包含三个方面的课程：专业基础课程、专业技能课程和人文素质课程；创业型技能实战训练课程体系采用模块选修方式，分为三大选修模块：电子商务技术强化模块、电子商务管理模块和电子商务创业提升模块。其中，创业实践活动作为电子商务复合型人才培养的一个必要环节，要求贯穿于整个学习阶段。②

---

① 张广霞，徐东，王志瑛. 基于工作过程的电子商务专业课程体系的研究［J］. 商业经济，2010（2）.

② 潘丽姣，何永明. 基于创业导向的高职电子商务“1+3”课程体系构建［J］. 中国电子商务，2010（11）.

第六章　高等学校电子商务专业知识体系江西省创新实验区项目研究与建设

电子商务虽然只有短短10多年的时间，但现在已经成为国民经济和社会信息化的重要组成部分。电子商务将实体的市场变为虚拟的空间市场，减少了中间环节，使生产者和消费者的直接贸易成为可能，不仅在一定程度上对改变社会经济运行方式、提高企业核心竞争能力、提高经济运行效率发挥了积极作用，而且在产业结构的调整、刺激经济需求、创造新的就业机会方面产生了重大影响。

为了加快培养高层次电子商务专业化人才，适应电子商务飞速发展的需要，教育部于2001年正式批准高校设立电子商务本科专业。迄今设立电子商务专业的高校已经超过400所，这些高校中，既有大学、独立设置的学院，也有高等专科学校、高等职业学校、成人教育学校、远程教育学校。由于行业、地方需求和条件不同，高校层次不相等，学科特点不相同，专业建设水平也参差不齐。如何根据电子商务发展的特点，紧密结合高校电子商务专业教育实际，制订指导性专业规范，培养高质量的、符合社会需求的电子商务专业化人才已成为一项重要而迫切的任务。教育部高等学校电子商务专业教学指导委员会根据我国高校在电子商务本科专业人才培养方面存在的问题和要求，按照教育部"高等学校本科教学质量与教学改革工程"的要求，组织专家在大量调查研究和前期工作基础上，于2008年编制出版了《普通高等学校电子商务本科专业知识体系》（试行版）（以下简称《知识体系》）。《知识体系》是电子商务专业教育和建设的一个指导性文件，它完整地介绍了电子商务专业建设需求、专业定位、专业人才培养目标和电子商务知识体系的基本定义、总体框架、实践要求、与课程体系的关系以及内容分类描述等。《知识体系》是专业人才培养内容的核心，也是专业教学计划和课程体系的基础。知识体系的实施，能够对各高校电子商务专业知识体系研究和专业建设起到重要的指导作用。

一、项目的提出

为了学习贯彻实施好《知识体系》，使江西省电子商务专业办学单位抓好本单位知识体系研究和建设，抓好专业建设，2008 年 7 月，中国信息经济学会电子商务专业委员会江西办、江西省计算机用户协会电子商务专业委员会、江西师范大学电子商务系联合申报了“高等学校电子商务专业知识体系江西省创新实验区”项目，2008 年 8 月，该项目被教育部高等学校电子商务专业教学指导委员会批准立项。该项目是江西省电子商务专业办学单位按照教育部的要求认真贯彻实施“本科教学工程”和《知识体系》的具体举措。

二、项目的目标任务

江西省创新实验区项目希望取得以下的成果：

（1）开展有关电子商务专业知识体系研究和建设、特色专业建设、人才培养模式构建、创业就业教育等方面的活动，并提交相关研究报告。

（2）电子商务特色专业多样化研究。

（3）初步建立一套“信息化创业”系列教材体系。

（4）建立高等学校电子商务专业知识体系江西省创新实验区网站。

三、项目的研究方法

本项目采用的研究方法有：将电子商务专业知识体系试点活动与推进“本科教学工程”、建设特色专业、构建人才培养模式、开展创业就业教育等有机结合，获得更多的研究成果；建立一个为各高校的教师和学生提供研究

交流、教学资源共享、开展竞赛、创业就业教育的省级平台，发挥平台交流研究、共享资源、联系广泛、扩大影响的作用；在“本科教学工程”实施的管理体制上由“一项对一校”的教育改革变为“一项对多校”，让更多的高校围绕一个共同的课题进行教育改革创新研究。

四、项目研究与建设阶段

项目共分准备、实施研究、结题、交流总结四个建设阶段：

1. 准备阶段

任务：宣传贯彻《高等学校电子商务本科专业知识体系》、布置《高等学校电子商务专业知识体系江西省创新实验区》试点工作。

时间：2008 年 8~12 月。

具体工作：教指委专家宣传贯彻《知识体系》。

成立课题研究小组、确定课题研究目的及内容、组织落实课题参与人员的分工与协作。

2. 实施研究阶段

任务：各试点单位进行《高等学校电子商务专业知识体系江西省创新实验区》试点。

（1）开展有关电子商务专业知识体系研究和建设、特色专业建设、人才培养模式构建、开展创业就业教育等方面的活动，并提交相关研究和建设报告。

（2）电子商务专业多样化研究。

（3）初步建立一套“信息化创业”系列教材体系。

时间：2008 年 12 月~2009 年 12 月。

3. 结题阶段

任务：各试点单位完成《高等学校电子商务专业知识体系江西省创新实验区》子课题结题报告。

时间：2010 年 1~3 月。

4. 交流总结阶段

（1）整理、分析调研信息，肯定成果、认清不足并形成改进方向。

（2）撰写总课题结题报告。

（3）召开经验交流会。

（4）做好结题准备工作。

时间：2010 年 3~7 月。

五、子课题研究项目、试点单位（排名不分先后）

1. 各高校子课题项目

本科组：

（1）信息化创业型电子商务特色专业研究（江西师范大学）。

（2）综合性大学管理与技术型电子商务特色专业研究（南昌大学）。

（3）航空物流型电子商务特色专业研究（南昌航空大学）。

（4）六位一体教学法及平台电子商务特色专业研究（华东交通大学）。

（5）理工类电子商务特色专业研究（南昌理工学院）。

（6）师范院校电子商务特色专业研究（江西教育学院）。

（7）营销型电子商务特色专业研究（南昌工程学院）。

（8）电子商务专业层次化实践教学体系构建的研究（江西蓝天学院）。

（9）以赛代训型电子商务特色专业研究（新余学院经济管理系）。

（10）商科院校电子商务特色专业建设研究（九江学院商学院）。

（11）井冈山红色旅游特色电子商务创新人才培养模式的研究（井冈山大学）。

（12）基于特色电子商务专业学生核心竞争力培养研究（宜春学院）。

（13）二级学院本科电子商务特色专业建设研究（南昌大学科技学院）。

（14）二级学院应用型本科电子商务特色专业建设研究（华东交通大学理工学院）。

（15）二级学院竞赛型本科电子商务特色专业研究（江西理工大学应用科学学院）。

（16）应用型电子商务专业人才培养方案（江西科技师范学院）。

（17）农业大学电子商务特色专业建设与研究（江西农业大学）。

（18）应用型电子商务特色专业建设与研究（景德镇陶瓷学院）。

（19）江西理工大学电子商务特色专业建设研究（江西理工大学）。

（20）独立学院管理与技术型电子商务特色专业研究（南昌航空大学科技学院）。

（21）电子商务应用型实训体系建设研究（江西农业大学南昌商学院）。

（22）复合型信息化创新创业人才培养模式研究（江西师范大学）。

（23）电子商务教师人才培养模式研究（江西教育学院）。

（24）铁路物流电子商务特色专业建设与研究（华东交通大学）。

高职高专组：

（1）基于工作过程的外贸电子商务特色专业研究（江西外语外贸职业学院）。

（2）技能型电子商务特色专业研究（江西现代职业技术学院）。

（3）江西渝州科技职业学院“电子商务”专业特色研究（江西渝州科技职业学院）。

（4）制造企业电子商务特色专业研究（江西制造职业技术学院）。

（5）论坛型电子商务特色专业研究（江西赣江职业技术学院）。

（6）服装电子商务特色专业研究（江西服装学院）。

（7）高职院校电子商务专业实践型教学模式研究（江西应用技术职业学院）。

（8）城市服务型电子商务特色专业研究（江西城市职业学院）。

（9）创业型电子商务特色专业研究（江西旅游商贸职业学院）。

（10）电子商务技术专业建设方案研究与实践（江西经济管理干部学院）。

（11）淘宝网上创业型电子商务特色专业研究（九江职业大学）。

（12）培养运用第三方电子商务平台与开发平台能力研究（萍乡高等专科学校）。

（13）陶瓷电子商务特色专业建设研究（景德镇高等专科学校）。

（14）物流型电子商务特色专业建设研究（江西工业职业技术学院）。

（15）创建实践型电子商务特色专业研究（江西信息应用职业技术学院）。

（16）基于CBE思想的国际贸易型电子商务特色专业研究（江西工业工程职业技术学院）。

（17）生态旅游电子商务特色专业建设（江西环境工程职业学院）。

（18）高校电子商务专业知识体系研究（江西交通职业技术学院管理系）。

（19）工业贸易电子商务特色专业研究（江西工业贸易职业技术学院）。

（20）综合型电子商务特色专业研究（鹰潭职业技术学院）。

（21）电子商务专业知识体系建设与研究（江西青年职业学院）。

（22）高职高专电子商务专业人才培养方案（江西财经职业学院）。

（23）抚州职业技术学院电子商务特色专业建设与研究“做中学”（Doing & Learning）人才培养模式探索与实践（抚州职业技术学院）。

（24）电子商务专业实践环节建设与研究（江西航空职业技术学院）。

（25）江西电力职业技术学院电子商务特色专业建设与研究（江西电力职业技术学院）。

（26）基于网络贸易业务流程的电子商务特色专业建设与研究（九江职业技术学院）。

（27）江西宜春职业技术学院“电子商务”专业特色研究（江西宜春职业技术学院）。

（28）以就业为导向、以能力为本位的电子商务特色专业建设与研究（江西科技职业学院）。

（29）国际电子商务人才培养模式研究（江西外语外贸职业学院）。

2.“信息化创业”系列教材体系和电子商务专业多样化研究

（1）《创业理论与技能》在高等教育出版社于2008年出版。

（2）《创业管理与技能》在经济管理出版社于2010年出版。

(3)《网上创业理论与技能》在电子工业出版社于 2011 年出版。

(4) 近年发表论文 20 余篇，其中 EI、ISTP 收录 10 篇。

(5) 获各级各类学术成果奖和指导学生获竞赛奖 30 余项。

3. 建立高等学校电子商务专业知识体系江西省创新实验区网站

http：//www.ecebe.com/article/index.asp

六、项目研究价值与评审结题

2010 年 7 月 6 日，教育部高等学校电子商务专业教学指导委员会组织专家验收组在江西师范大学召开“高等学校电子商务专业知识体系江西省创新实验区”项目验收结题会议。教育部高等学校电子商务专业教学指导委员会副主任李琪教授、委员汤兵勇教授代表“教指委”专程来南昌主持项目评审结题工作，江西师范大学副校长张艳国出席会议，会议由教务处负责人主持。

“高等学校电子商务专业知识体系江西省创新实验区”项目是教育部高等学校电子商务专业教学指导委员会立项的教学质量与教学改革工程项目，本项目是全国第一个电子商务专业“质量工程”区域性实验区项目，江西省是全国第一个高等学校电子商务专业知识体系试点省。南昌大学、江西师范大学等 40 余所高校参加了该项目的试点工作，项目由江西师范大学教授孙德林任总课题负责人。

在会上，孙德林代表项目组作了总课题为“高等学校电子商务专业知识体系江西省创新实验区”的结题报告。随后，进行了项目典型研究报告介绍，施文作了南昌大学的子课题“综合型大学管理与技术型电子商务特色专业研究”报告；雷铁作了南昌航空大学的子课题“航空物流型电子商务特色专业研究”报告；朱新英作了南昌理工学院的子课题“理工类电子商务特色专业研究”报告；解新华作了江西外语外贸职业学院的子课题“基于工作过程的外贸电子商务特色专业研究”报告。接着，项目组回答了专家验收组提出的问题。

专家验收组认真听取了课题组的工作汇报，审查了成果申报材料，经过讨论，认为：

（1）该项目设计了将电子商务专业知识体系试点活动与“质量工程”、特色专业、人才培养模式、创业就业等有机结合，在研究方法上具有独到之处和创新性。

（2）该项目初步建立了全国第一套小规模“信息化创业”系列教材体系，具有良好的科学性、前瞻性、技能性和启发性；发表EI和ISTP收录的学术论文10余篇，取得了丰硕的研究成果。

（3）该项目网站发挥了电子商务专业“本科教学工程”的区域性平台和“三创赛”的省级平台独特作用。

（4）该项目在“本科教学工程”管理体制上由“一项对一校”改革为“一项对多校”，创造了“本科教学工程”孵化器的功能和作用，为我国“本科教学工程”的“教育体制改革”作了先行探索，在欠发达地区“本科教学工程”改革方面具有推广应用价值。

验收组成员一致认为，该项目在江西省高校的电子商务专业知识体系试点活动中成功建立起了全国第一个电子商务专业“本科教学工程”的区域性实验区，参加研究与建设的单位达40余个，总体上达到国内领先水平。为此，项目通过验收。

参考文献

[1] Project of improving the quality of undergraduate teaching and reform at institutions of higher learning，http：//www.zlgc.org/，2007.

[2] Ministry of education and ministry of finance's opinion on the project of improving the quality of undergraduate teaching and reform at institutions of higher learning（higher education（2007）No.1），http：//baike.baidu.com/view/2948771.htm，2007.

[3] 教育部高等学校电子商务专业教学指导委员会. 普通高等学校电子商务本科专业知识体系（试行）[M]. 北京：高等教育出版社，2008（5）.

[4] Experimental plot about the innovation of knowledge system of e-commerce in higher education in Jiangxi province，http：//www.ecebe.com/，2008.

[5] http：//www.jxedu.gov.cn/zwgk/jxjydt/xbgxjy/2010/10/20101003063055587.html.

[6] http：//gaojiao.jxedu.gov.cn/jxedu/JxeduRoot/jxgdjyw/gjyw/2010/07/20100713031131304.html.

[7] http：//www.jxciit.gov.cn/Item/2544.aspx..

[8] http：//www.jxnu.edu.cn/news/news/3708.htm.

第七章　用知识体系指导电子商务特色专业多样化建设

一、《普通高等学校电子商务本科专业知识体系》概述

1.《普通高等学校电子商务本科专业知识体系》出版的重要意义

教育部从 2001 年开始批准在全国部分高校试开电子商务专业，开始了我国电子商务本科教育的正规化进程。目前，全国几乎所有具有相关专业的大学都设立了电子商务专业或研究方向，电子商务专业成为我国高等教育专业建设中发展速度最快的一个专业，各有关高校在电子商务专业建设中积累了大量的好经验、好做法。随着电子商务的迅速发展，市场对电子商务人才的需求量越来越大，多样化要求也越来越高，但是在电子商务人才短缺的同时，电子商务大学毕业生却就业率不高，这种局面充分暴露出电子商务特色专业建设上的一些问题。比如，专业建设存在专业定位和培养目标模糊、知识体系和课程设置不科学、教材的编写严重滞后，等等。如何加强特色专业建设，切实解决这些问题，培养造就市场需要的电子商务适用人才，是高校电子商务特色专业多样化建设面临的一个重要课题。

2.《知识体系》对电子商务专业教育内容、要求、核心的描述

（1）电子商务专业教育内容。电子商务本科教育专业教育内容包括通识

教育、综合教育、专业教育三大部分。下面介绍第三部分专业教育内容。

专业教育内容从知识层面划分，包括专业基础知识和专业知识两个层次；从教学内容划分，包括教学和实践教学两个方面；从教学计划考虑，包括知识体系和课程体系两个方面。

（2）电子商务专业教育要求。

1）知识要求：具有本专业交叉复合型特点的知识结构，能够做到理论与实践紧密结合，能够及时衔接新知识、新技术。

2）能力要求：具有获取知识、应用知识、工程实践、管理实践、创新与创业、沟通协调、人机交互等方面的能力。

3）素质要求：具备良好的思想道德素质、法律素质、文化素质、网络素质、心理素质等，具备敢于创新、勇于探索的精神。

（3）电子商务专业教育的核心。电子商务专业知识体系是电子商务专业教育的核心。

电子商务专业知识体系是指电子商务的整体知识框架及其结构，是电子商务专业学科所需知识的汇集。

知识体系是课程体系的核心，是各高校制订专业教学计划的重要依据。各高校在联系自身实际制订专业教学计划时，要紧密结合知识体系来设计专业教学内容，按照不同学科方向和学科层次设计课程体系和实践体系。

3.《知识体系》总体框架

《知识体系》给出了电子商务专业的总体知识框架及其结构。《知识体系》依据专业学科分类和知识内容将电子商务本科知识体系分解形成知识领域、知识模块、知识单元、知识和技能点四个层次的树状结构分布。

（1）知识领域（Knowledge Field，KF）。知识领域是指与电子商务专业密切相关的学科领域。电子商务专业是现代经济学、管理学和工学（以信息技术为主）融合形成的综合性、复合型学科，电子商务专业的建设和发展必须得到经济学、管理学和工学等学科的合力支撑。电子商务专业共涉及四个知识领域，每一个知识领域代表与电子商务专业密切相关的学科领域方向，这四个知识领域包括：与计算机信息技术相关的统称为电子商务技术知识领域，与管理学科相关的统称为电子商务管理知识领域，与经济学科相关的统称为电子商务经济知识领域，另外涉及电子商务基本概念、法律法规、标准体系、发展战略

等其他综合内容都统一归入电子商务综合知识领域。许多高校根据自身的特色与资源，进行学科创新，开发与建立了其他知识领域，比如与创业学科相关的电子商务创业型知识领域，与贸易学科相关的电子商务贸易型知识领域。这些新开发的知识领域有的是从四个知识领域中某个知识领域细分出来的，有的涉及若干知识领域。学科的创新在一定程度上实现了知识领域的多样化。

每一个知识领域由若干个知识模块组成。

（2）知识模块（Knowledge Module，KM）。知识模块是指针对电子商务专业基本要求在知识领域范围内对专业整体知识的一种分解，描述一个特定的学科子领域方向。例如，电子商务技术知识领域所涉及的知识模块包括相关的网络技术、数据管理技术、系统分析与设计方法技术、系统开发技术、安全技术和物流信息技术六个学科子领域方向。

每一个知识模块由若干个知识单元组成。

（3）知识单元（Knowledge Unit，KU）。知识单元是知识模块中的一个单元内容，描述该知识模块中的一个具体分支或只是章节，是专业知识体系中的基本教学或实践单位。知识单元可分为核心知识单元、可选知识单元以及自定义知识单元三类：

1）核心知识单元是本专业所有学科方向指示内容的公共部分。

2）可选知识单元是侧重于一个学科方向的专业知识内容或是公共部分的延伸。

3）自定义知识单元是各个高校根据自身学科优势方向和专业人才培养目标按照一定的要求建立起来的知识单元。

每一个知识单元由若干个相关知识点组成。

（4）知识点和技能点（Knowledge Points，KP）。知识点是整个知识体系结构描述中主要用于课堂教学的最小单位，代表所属知识单元中的一个相对独立含义的学习内容。技能点是整个知识体系结构描述中主要用于实践实训的最小单位，代表所属知识单元中的一个相对独立含义的实践内容。[①]

---

① 教育部高等学校电子商务专业教学指导委员会. 普通高等学校电子商务本科专业知识体系（试行）[M]. 北京：高等教育出版社，2008.

4.《知识体系》确定了专业方向和本科专业的培养目标

《知识体系》除给出了电子商务专业的总体知识框架及其结构，还确立了专业方向和培养目标。

考虑到电子商务专业背景学科的交叉融合性和专业知识技能的复合创新性，以及就业市场的广阔多样性和开设电子商务专业的不同高校的自身优势，确定电子商务本科专业采取一个专业多个方向方式，并指出电子商务专业可确定为两大基本方向，即电子商务经管类方向和电子商务工程类方向。

《知识体系》还确立了我国现阶段电子商务本科专业的培养目标，同时还确立了电子商务本科经管类方向的培养目标、电子商务本科工程类方向的培养目标。

我国现阶段电子商务本科专业的培养目标是“面向世界、面向未来、面向现代化”，为国家培养德、智、体、美、劳全面发展的，具备现代经济、管理理论和信息技术等多种知识和电子商务综合技能的，能从事网络环境中企业、事业和社会的商贸购销、商务管理或商务技术支持等现代化商务实践、研究和教学等工作的复合型、专业化人才。

电子商务本科经管类方向的培养目标是：在电子商务本科专业的培养目标基础上侧重掌握现代经济科学、管理科学的基本原理与商务活动和知识与技能，较好掌握网络化计算机技术和信息化商务技术的基本技能与方法，能够较好地利用电子信息技术从事商业、贸易和营销管理等的实践或研究、教学等工作的复合型、专业化人才。

电子商务本科工程类方向的培养目标是：在电子商务本科专业的培养目标基础上侧重掌握计算机科学、网络通信和信息处理技术等基本理论和实践技能，较好地掌握现代经济与管理的知识与方法，能熟练运用电子网络和信息技术、从事电子商务系统的规划、分析、设计、开发、管理和评价等的实践或研究、教学等工作的复合型、专门化人才。

5.《知识体系》对课程体系的设置的要求

《知识体系》在专业教学计划的制订和实施中是通过课程体系来体现的。

课程体系设置要充分考虑知识体系的各领域、各模块、各单元的内容安排，并按照不同的学科方向对核心知识单元和可选知识单元进行教学时数和

实践时数的分配。

一般来说，核心课程体系由学校制订的知识体系的所有核心知识单元、相关的可选知识单元以及自选的特色知识单元共同组成，其中核心知识单元必须满足《知识体系》建议的最少数量的核心知识单元。

《知识体系》鼓励各高校在制订自己的核心课程体系中结合本校学科优势和本地人才培养需求提出有特色的可选知识单元并融入到核心课程体系中。

二、用《知识体系》指导电子商务特色专业多样化建设

1. 知识体系与特色专业多样化建设的关系

电子商务特色专业多样化建设涉及专业定位、培养目标和培养模式的确立、知识体系的构架、课程体系的设置、实践要求等方面，《知识体系》除了对电子商务知识体系进行重点描述，还对以上方面进行了描述。可见，《知识体系》不仅是电子商务专业建设在知识体系构建方面的基础规范，也是各高校电子商务特色专业规范化、多样化建设的重要依据，《知识体系》是通过特色专业多样化建设来体现的。因此，《知识体系》是特色专业建设的内涵，特色专业建设是知识体系的外延。

电子商务作为一个新兴的行业，理论与实践方面都处于成长当中。同样，电子商务专业也是一个理论体系尚未完全成型、实践教学体系还不健全的专业，各高校在电子商务特色专业多样化建设过程中，都在不同程度上存在各种各样的问题。因此，通过《知识体系》来指导各高校进行电子商务特色专业多样化建设是非常必要的。

2. 充分利用知识体系抓好特色专业多样化建设

如上所述，《知识体系》是高校电子商务专业建设的一个基础性标准，它对涉及电子商务特色专业多样化建设的专业定位、专业人才培养目标、知识

体系架构体系、课程体系设置有关方面都作了设计和要求。例如，在电子商务专业定位方面，《知识体系》充分考虑了就业市场对电子商务人才多样化要求和开设本专业的不同类别高校的资源优势，提出电子商务本科专业应采取一个专业、多个方向的方式，并将电子商务本科专业归纳为两大基本方向：电子商务经管类方向和电子商务工程类方向。一个专业、多个方向的方式为高校电子商务特色专业多样化建设提供了依据，各高校可根据市场需求和自身的优势，开辟不同的专业方向。例如，从电子商务专业知识体系划分的四大知识领域的角度可开辟四个特色专业方向：经济型电子商务特色专业方向、管理型电子商务特色专业方向、技术型电子商务特色专业方向、综合型电子商务特色专业方向。还可从行业的角度开辟特色专业方向，如贸易型电子商务特色专业、旅游型电子商务特色专业、创业型电子商务特色专业等。又如，《知识体系》将知识单元设计为核心知识单元、可选知识单元以及自定义知识单元三类。其中，核心知识单元是本专业所有学科方向指示内容的公共部分，可选知识单元是侧重于一个学科方向的专业知识内容或是公共部分的延伸，自定义知识单元是各个高校根据自身学科优势方向和专业人才培养目标按照一定的要求建立起来的知识单元。这种知识单元的设计，有利于各高校电子商务特色专业多样化的建设，各高校可根据自身学科特点和专业发展方向，在按照《知识体系》相应知识模块和知识单元的基础上，增加各自制定的知识模块和知识单元，形成符合教育部电子商务人才培养要求、体现自身电子商务特色专业多样化建设和人才培养特色的知识体系，并通过多样化的电子商务专业知识体系的构建，促进电子商务特色专业多样化建设。从以上例子可见，《知识体系》对于电子商务特色专业多样化建设具有重要的指导意义，各高校要以实施《知识体系》为契机、以《知识体系》为指导，认真抓好电子商务特色专业多样化建设，抓好电子商务人才培养，培养更多的满足市场需求的电子商务适用人才，更好地服务于我国经济社会发展。

第八章　交叉学科复合型信息化创新创业卓越工程师人才培养模式初探

20 世纪 80 年代以来，经济全球化以前所未有的速度、广度和深度影响着世界各国经济、政治和社会的发展，信息技术特别是互联网及相关技术逐步成为推进全球化进程的根本动力之一。随着信息技术的广泛应用和企业信息化水平的不断提高，电子商务日益成为企业的重要经营模式，社会对电子商务与信息化创业人才的需求也日趋迫切，人才短缺已成为全球电子商务与 IT 企业发展过程中所面对的诸多问题中最根本、最紧迫的问题。

卓越工程师培养计划是贯彻落实《国家中长期教育改革和发展规划纲要（2010~2020 年）》和《国家中长期人才发展规划纲要（2010~2020 年）》的重大改革项目，也是促进我国由工程教育大国迈向工程教育强国的重大举措。该计划旨在培养造就一大批创新能力强、适应经济社会发展的高质量的各类型工程技术人才，为国家走新型工业化发展道路、建设创新型国家和人才强国战略服务。

马克思在阐述“人的全面发展”概念时，提到了两层意思：人的需求的全面性和人的能力的全面性。这对我们在构建复合型信息化创新创业人才培养模式的过程中把握“专”与“通”的关系具有指导意义，是提出复合型信息化创新创业人才的理论基石。

邓小平提出的“科学技术是第一生产力”表明，综合国力的竞争就是科技与人才竞争，只有培养出高素质的人才，才能在竞争中立于不败之地。因此，根据科学技术发展的需要，高校必须转变观念，构建新形势下的复合型信息化创新创业人才培养模式。

素质教育理论包含教育观念的更新、教育体制的改革和人才培养模式的构建。怎样按照素质教育要求培养交叉学科复合型信息化创新创业卓越工程师人才？这既是人才培养模式的实施问题，也是素质教育的实施问题，关键是要把握以下三点：第一，根据人才素质具有发展实践性的特点，改变只重书本、鄙薄实践技能的状况，注意加强实践训练；第二，根据人才素质具有整体性的特点，注意德、智、体、美的全面协调发展，特别应注意营造全面素质养成环境（如教育教学环境、校园环境等），加速素质发展过程；第三，对个体而言，知识、能力、素质是浑然一体的，因此高校在人才培养过程中，要注意融传授知识、培养能力和提高素质于一体，正确处理知识、智能、素质三者之间的关系，促进三者协调发展和综合提高，培养既有高科学技术又有高文化素质的复合型信息化创新创业卓越工程师人才。

一、国内外相关培养模式研究

国际上工程师的培养模式大体可分为注册工程师培养模式和文凭工程师培养模式。注册工程师制度下的工程师培养以美国为代表，其基本特点是大学生在校期间着重进行工科基础教育，毕业后由社会提供工程师职业方面的训练，通过专门的考试和职业资格认证后成为工程师。文凭工程师制度下的工程师培养以德国和法国为代表，其基本模式是大学生在校学习期间除了完成工科基础教育外，还要完成工程师的基本训练，毕业时获得一个文凭工程师学位，同时也是职业资格。

根据统计资料分析，我国开设有工程类专业的高等学校达到 981 所，占普通高等学校总量的 43%；工程类在校研究生、本科生和专科生规模达 773.3 万人，占当年全国高校在校生总量的 36%。全国的工程科技人员总保有量也超过 1400 多万名。我国已经成为名副其实的工程教育大国。然而，大而不强、多而不精，工程教育普遍缺乏创新性和实践性一直是困扰我国高等工程教育改革与发展多年的难题。

随着电子商务与信息化创业的兴起，社会对这种特殊的工程型创业人才的需求不断扩大，政府、高校和企业开始意识到市场对电子商务和信息化创业人才需求的迫切，但这种特殊的工程型创业人才的培养上会遇到一系列问题，其中主要的问题是电子商务与信息化创业人才的实践能力较弱，在这方面亟须卓越工程师的培养模式来加强和完善。

中国高校电子商务人才培养基地为学生和教师提供了实习的场所，学校联系这样的实习基地比较困难，而企业由于场地和管理等原因在很大程度上

也不愿意接纳学生。在以往的国家职业资格电子商务师鉴定考试中，考生的理论知识考核成绩要强于操作技能的考核成绩。这说明，电子商务和信息化创业人才实践能力较弱，该方面卓越工程师的培养亟须完善。

二、目前国内外研究的趋势

国家实施卓越工程师计划，越来越加强创业教育课程建设，打造良好的创业环境，培养学员的事业心、进取心、开拓精神、创新精神，以及进行从事某项事业、企业、商业规划活动的能力和心理品质的教育，从优化人才培养方案做起，把创业教育作为整个人才教育的组成部分，努力打造创业教育的精品课程，对学生进行专业化、系统化的创业教育。同时，立足专业基础，高校的创业教育强调以专业为基点，夯实专业基础，发挥专业优势，尤其是专业前沿的优势，满足技术创业的需要。

注重工程师学员思想观念引导，积极开辟创业渠道，培养学员自主创新的精神。面对信息时代知识经济快速发展、经济迅速变化，创业教育以创造性和创新性为基本内涵，培养学生能够预测变化应对变化，迫使学生产生并发挥主动性和创造性的教育模式，这是以学生为本的育人理念的升华。因此创业教育的根本是人的培养问题，而不能当成急功近利的订单式企业家培养，注重解放传统思想，打破束缚，多渠道开展创业教育，为建设创新型国家培养人才。

电子商务是由经济学、管理学、工学、法学等相关学科的专业知识交叉融合而形成的新学科专业，它的出现和发展顺应了社会发展的需要，充分体现了多学科交叉融合的优势，真正实现了以经济发展为目的、以技术为工具手段、以现代管理体系为依赖的现代商务发展新模式。

管理学、经济学和工学三门学科在社会经济生活中发挥着重要作用，它们各自的知识体系和培养的专业人才成为持续创新、高效发展和构建和谐社会的三个重要支柱，是驱动社会前进的“三驾马车”。目前，在高等教育学界，强调科技教育与人文教育相融合的办学理念已经得到越来越普遍的认同，加强理、工、文、管、法等学科交叉、渗透和结合已成为共识。

三、复合型信息化创新创业卓越工程师人才培养模式的基本原则

构建交叉学科复合型信息化创新创业卓越工程师人才培养模式必须要有科学的措施，要遵循人才培养的基本原则。

1. 主体性原则

在高校要建立教师（教学活动的主体）和学生（学习活动的主体）相互合作、协调互动的新型关系，发挥教师的主导作用，把建构学生的学习主体地位作为教育教学工作的主要目标。

2. 协调性原则

教学改革与环境相互适应、和谐发展，要注重整体效益，以系统的观点和方法深入细致地抓好专业设置模式、教学计划和课程体系模式、教学组织模式、非教学培养途径等，构成一个相互联系、相互制约的复合型信息化创新创业卓越工程师人才培养系统。

3. 超前性原则

我国经济正处于转型期，市场对人才的需求不能完全体现出行业的发展趋势，社会对人才的需求具有超前性。构建复合型信息化创新创业卓越工程师人才培养模式应以发展的眼光，超前预测未来人才需求，这样才能保证教育的整体效益，促进人才模式的完善。

4. 社会需求性原则

复合型信息化创新创业卓越工程师人才的培养必须建立在社会需要和社

会发展条件的最佳结合点上。在制定培养目标和措施时，必须正视社会对人才的需要，明确人才市场对专业人才需求的知识结构及规格，社会需要什么样的人才，教育就培养什么样的人才。

四、复合型信息化创新创业卓越工程师人才培养模式的基本架构

教育在一定程度上可以归结为“培养什么样的人”和“怎么样培养”两方面的问题，两者的综合就是人才培养模式问题。要根据复合型信息化创新创业卓越工程师人才的知识、能力和素质结构的要求，在借鉴国外先进的人才模式基础上，结合我国高校自身特点，构建“宽、厚、多、高”的人才培养模式。“宽”就是宽口径，指具有专业知识面广，适应能力强，就业机会多；“厚”就是厚基础，指要有坚实的基础知识、宽厚的基础和扎实的基本技能；“多”就是多方向，指要涉足两个或多个专业、学科，具备多种学科的知识体系和基本技能，能够胜任多种工作；“高”就是高素质，指高水平的科学文化素质、高境界的思想道德、高智能、高稳定能力结构的心理素质和高体能的身体素质。这一培养模式的实现要通过人才培养模式构成的各要素来完成，要调整专业结构和课程体系结构，建立灵活的教学组织，加强实践环节的培养等。

1. 专业设置

培养复合型信息化创新创业卓越工程师人才要打破传统专业设置的弊端，拓宽专业口径，鼓励跨学科、跨专业学习，加强提高学生信息化技能，并注重学生创新能力的开发和创业本领的培养。复合型信息化创新创业人才的专业设置主要围绕以下几方面进行：

(1) 更新学科观念。高等教育要树立起新的“学科观”，即要实现从原来单一专业知识教育到多专业整体化知识教育的转变，做到各门学科间的交叉渗透、整体综合，加强传统学科专业的改造和深化，扶持有广阔前景的新专业，并不断加强职业调整的灵活性和适应性。

（2）拓宽专业口径。宽口径的专业设置是培养复合型信息化创新创业卓越工程师人才的根本途径，即在现有的专业的基础上，拓展专业培养内容，调整归并相近专业的教学计划，在学科交叉点上设置新专业，使一个专业的建设能依托两个以上的主干学科。

（3）扩大高校专业设置自主权。其核心是理顺政府和学校的关系，关键是要找到政府和学校相互结合的切入点，既要给高校更多的自我发展空间进行专业设置，又不能忽视政府在结构调整中的作用。

2. 课程体系

课程体系是对专业的直接界定。复合型信息化创新创业人才培养要求专业教育与一般教育、学生技能培养与素质全面提高统一。因此，建立基础化、结构化、一体化的课程体系，是复合型信息化创新创业人才培养模式改革的核心内容。

（1）基础化。课程体系基础化是高等教育普及化的必然要求，也是形成合理知识结构的需要。基础知识掌握的程度如何，不仅决定人才的成功与否，而且还决定人才发展的高度。

（2）结构化。课程体系结构化就是以专业主干课程为中介，以各学科中最基本的概念、原理、法则、定律为节点，使各学科成为一个结构性关系的网络。

（3）一体化。课程体系一体化指运用理论、实验、实习、实训一体化教学方式推进复合型信息化创新创业人才培养。课程结构设置不但要有利于开拓学生的视野，更要有利于发展学生的思维能力、创造能力、工程能力、适应能力和应变能力。

3. 师资队伍

面对复合型信息化创新创业卓越工程师人才培养模式对教师素质的新要求，高校应以提高教师整体素质为基础，强化责任意识、工程意识、质量意识和创新意识，建立激励和竞争机制，调整结构，优化配置，建设一支结构优、素质高、骨干群体优势强的教师队伍。第一，转变观念，树立高校教师新型的工程人才培养观；第二，提高教师业务素质；第三，优化教师队伍结

构；第四，强化教师的主体意识。

4. 教学计划

复合型信息化创新创业卓越工程师人才培养模式的教学计划可分为两个培养阶段，即基础教育阶段（强化基础，拓宽知识面，使学生比较系统地掌握本学科、本专业必需的基础知识、基本技能，加强文化素质教育，培养学生的人文与科学修养）和专业教育阶段（让学生掌握本专业必要的专业理论和专业技能，进一步提高专业理论修养，并根据自己的选择拓展相关学科知识面）。同时，复合型信息化创新创业卓越工程师人才需要跨两个以上专业学习，根据开始学习第二个专业的时间不同，可将教学计划分为并联式教学计划和串联式教学计划。

（1）并联式教学计划。一般在本科二年级末，学生对大学学习的过程有一定的适应后，根据自己的兴趣、爱好以及对今后的学习和自身发展的考虑，采取辅修或是直接攻读的方式进行另一个专业的学习。

（2）串联式教学计划。学生利用四年时间系统、完整地学完一个专业之后，根据自己的兴趣、职业倾向，选择攻读第二个专业，一般学制为两年。

5. 教学过程

运用现代教学手段，加强教育信息化建设。整合信息技术与各学科课程，把握已有实用基础内容，及时增加学科前沿知识、相关学科知识和专业以外的有关基础知识，达到拓宽学生视野、提高学生的学习兴趣和效果、培养学生的创造性思维与能力的目的。加强教育信息化建设，实现教育信息资源的合理配置、开发和高效利用。从而改变传统的以课堂为中心、教师单纯传授知识的教学观，建立以学生为主体、注重学生创新能力培养和师生合作的新型教学观。

6. 教育制度

（1）调整教育政策，调动各种积极因素。适当放开在校生攻读第二学士学位教育或双学位的条件，学生攻读第二学士学位的条件、资格以及程序，由培养学校自行确定。

（2）鼓励学生就读复合、交叉专业，设立创新成果奖励学分。对品学兼优的学生应给予优惠政策及提高待遇，允许学生以参与课题研究、竞赛获奖和发表学术论文等方式取得奖励学分。

（3）完善教学管理体制，创造良好的人才培养环境。要以采用学分制实施弹性学制的教学管理制度改革为突破口，允许学生依照个人能力和个人发展计划，适当延长在校学习年限和合理有效配置课程，树立“质量第一”的观念，创造一个有利于复合型信息化创新创业卓越人才成长的学习环境。

（4）严格管理第二专业攻读的相关事宜。在资格选拔中要坚持品学兼优的原则；在管理中采用中期淘汰制防止因辅修专业学习使原专业成绩下降或辅修专业成绩不合格者的情况出现；明确学籍与培养的管理部门，采取统一部署、集中管理的方式对攻读第二专业的学生进行有效管理。

（5）建立灵活、规范的管理模式，打通双学位、第二学位与辅修专业和选修课的界限。如果学生达不到双学位、第二学位要求，可以根据所学课程的学分量按辅修专业对待，也可以作为扩大知识面的选修课对待。这样既保证了双学位、第二学位和辅修专业的人才培养质量，又根据学分制的特点，采取了灵活性的管理措施，调动了学生学习的积极性。

五、复合型信息化创新创业卓越工程师人才培养模式的实施策略

不同类型的高校都在积极探索人才培养模式，实现多渠道、多途径培养复合型信息化创新创业卓越工程师人才是一项系统工程，涉及教育的方方面面，仍有许多问题需要进一步思考、探索和回答。作为培养复合型信息化创新创业卓越人才重要基地的高校，应当认清在实施人才培养模式中存在的问题，有针对性地研究其对策，以利于复合型信息化创新创业卓越工程师人才的脱颖而出。

（1）树立多元质量观，重视知识、能力、素质协调发展的培养。衡量人才培养质量的标准不再是专业知识的多少，而是知识、能力、素质三者的协调发展过程与对当前及今后教育发展态势的把握程度。

(2) 重视实践环节，加强学生实践基地的建设。实现从“以教师为中心”向“以学生为中心”的转变，打破了传统的演示性、验证性、单一性实验的模式，建立了新型的设计性、综合性的实验体系。

(3) 升级教育模式，进行产、学、研合作教育。这种新型教育模式是当今世界公认的一种既有理论又有能力的新型人才培养模式。不仅可以大大加强科研成果的应用率，还可以为高校提供实验实习基地。

(4) 建立专业化双向型指导机制。专业化双向型指导机制指组织校内外同行专家有目的性地、阶段性地对教学活动进行参与和指导，基层实施者有针对性地对教学活动的不足提出完善建议，实现柔性化管理。

(5) 改革教育评价体系，开展全员双向激励。其实质就是将传统单向激励机制即上“励”下“受”的校内评价模式，转变为互励互受的双向校内外激励模式。

(6) 加大开放式国际化的办学力度。复合型信息化创新创业人才的培养目标立足国内、面向国外，教育社会化、全球化，既从社会获得促进学校发展的动力，又从国外获得促进学校创新的活力。

(7) 设立研究专项基金，做好国家人才发展战略的研究和顶层设计工作。研究必须具备 5~10 年的超前性，以便为国家有关部门提供权威的、实时的决策依据。

六、复合型信息化创新创业卓越工程师人才的培养途径

社会迫切需要紧跟时代发展的复合型信息化创新创业卓越工程师人才。近年来，各个高校遵循“适应”和“提高”的原则，走内涵发展的道路，调整人才培养格局，在复合型人才培养上进行了多渠道的尝试。概括起来，主要有以下几种途径：

(1) 实行第二学士学位制或双学位制。实践证明，同时拓宽“第二学位”和“双学位”人才培养思路与途径，在两者之间建立沟通桥梁，实现两种教育“一体化”，对于培养复合型信息化创新创业人才有巨大的推动作用。但必须区别对待“第二学位”与“双学位”的不同，针对不同情况应用一种或综

合运用这两种培养方式。

(2) 实行主辅修制。主辅修制是按因材施教原则实行的选课制度，要求申请修读辅修专业的学生，其主修专业和辅修专业应分属不同专业大类。学生可以根据自己的能力、爱好和特长选择一个或两个专业作为自己的辅修专业，由教务处根据学生的学习情况审批并备案。此程序可以在新生入学的第一个学期末进行。对辅修专业，学生修满规定学分，可取得该专业的辅修结业证书，作为学生写实性学历证明。

(3) 实行联通培养制。联通培养制中常见的是本硕联通，即通过三年或三年半本科学习，在本科第四年或本科最后一个学期跨学科攻读硕士研究生基础课程，获学士学位后再用两年时间完成硕士研究生学业，取得研究生学历和硕士学位，其关键在于切实统筹本硕关系，实现两个学业的无缝对接。

(4) 实行联合学位制。联合学位是将两个非常实用的专业有机结合，学生用五年时间同时完成两个学位的学习。攻读联合学位的学生，允许改变职业选择，中间可以退出转而攻读普通学士学位。学校在制定课程时要考虑到，学生在 5 年的时间里，并行地学习两个专业方面的课程，在不同的阶段，以其中一个为主。

(5) 实行企校联合培养制。高校应抓住“卓越工程师”人才培养试点为契机，进一步加快合作办学步伐、提升合作办学水平、扩大合作办学规模、提高人才培养质量。

复合型信息化创新创业卓越工程师人才是人才培养模式中的一个重要组成部分，它既有人才培养的共性，也有自身的特殊性。因而，在培养复合型信息化创新创业卓越工程师人才期间，需要处理好共性与个性的关系。由于各学校的师资力量、办学条件存在差别，以及学分制不完善、教学管理相对滞后等历史遗留问题的存在，高校不能普遍采用复合型信息化创新创业卓越工程师人才培养模式，也不能按照统一的方法生搬硬套。在具体实践中，各高校应该遵循适应时代需要和因校制宜的原则，根据社会实际需要和自身条件，确定培养模式，灵活采用多种措施和方法拓宽人才培养渠道，从而加快复合型信息化创新创业卓越工程师人才的培养。培养复合型信息化创新创业卓越工程师人才是高校面临的一项艰巨而伟大的使命。

附录　高等学校电子商务专业知识体系江西省创新实验区子课题研究报告

附录1　综合性大学管理与技术型电子商务特色专业研究

南昌大学

施　文　龚花萍　魏　莺　叶雯琪

一、南昌大学管理与技术型电子商务特色专业建设的概况

随着经济全球化的发展以及网络社会的普及，电子商务对于国内企业的重要性日益显现出来，尤其是对于中小型企业而言，面对经济全球化这个难得的契机，企业电子商务水平的提升将在很大程度上决定企业未来数年的发展。然而，合格的电子商务人才数量的缺失一直成为各企业管理者头疼的问题。据专家预测，未来10年我国电子商务人才缺口将高达250多万。因此，培养大量掌握现代信息技术和商务贸易管理知识技能相结合的复合型电子商务专业人才，成为了促进我国电子商务发展的关键因素。

南昌大学是一所“文理工医渗透、产学研结合”的综合性大学，是江西省人民政府和教育部共建的国家“211工程”重点建设大学，是国家和江西省人才培养、科学研究和科技成果转化的重要基地。基于南昌大学综合性大学的优势，依托于信息工程学院与经济管理学院的师资，南昌大学于2000年开设了电子商务专业。2002年，对信息管理系2000级信息管理与信息系统专业学生进行专业分流，开始设立电子商务方向，2002年开始正式招收电子

商务专业的学生。

二、南昌大学管理与技术型电子商务特色专业建设的内容

1. 南昌大学管理与技术型电子商务专业人才培养模式

我国大部分高校的电子商务专业一般单独设在计算机系或经管系，前者侧重于电子商务技术的研究与开发人才的培养，后者则侧重于电子商务在应用方面人才的培养。南昌大学信息工程学院的计算机系和信息管理系在新学院成立之前是合在一起的，作为一个计算机信息学院。电子商务专业在老学院是作为一个学科方向来开设的，新学院成立以后则由两个系共同建设。这样做的好处是，集中了两个系的学科优势，使电子商务专业办出一定的特色。例如，我们电子商务专业的培养目标是培养能够从事现代商务管理、电子商务研究与开发、应用与管理的高级复合型人才。围绕这一目标，我们在师资队伍建设、课程设置、实验室和实习基地建设、管理措施等各方面都有针对性地进行建设。

2. 课程建设

（1）核心课程：为了贯彻落实深化教改、全面推进素质教育的精神，从管理制度上为素质教育创造宽松的学习环境，同时突出重点优先保障关键教学环节，稳步提高教学质量，加快推进核心课制度。核心课是指对本科培养质量起关键作用、直接影响甚至决定学生基础理论水平、专业发展能力和综合素质的重要教学课程与教学环节，它既可以是理论教学环节，也可以是实践教学环节。其具体构成视不同专业性质而定，其教学学分一般占专业总学分的 1/3 左右。核心课程的建设应给予重点保证。

（2）精品课程：进一步加强教学质量检测与质量保证体系的建设与运行控制，通过教师培训计划、课程建设计划、教材建设计划等工作落实，以及教学质量监控体系的评估、督导与遴选，选择建设几门优质精品课程，树立一批教学名师。

（3）双语课程：积极推进双语教学工作，是教学内容体系改革与国际接轨的一个积极而重要的步骤。学校每年设立专项经费，负责培训双语教学师资，同时要积极引进双语教学师资。

3. 到2010年，基本建成设置合理、技术先进、省内一流，既能满足本专业学生实验的要求，又能满足教师科研需要的电子商务实验平台

与一些省内外的IT公司、电子商务公司和企业建立长期的合作关系，建立多个利于学生进行实习的实践教学基地。

4. 师资队伍

电子商务是一门新兴学科，与其相关的信息技术发展很快，为使教学内容能不断更新，采取了一定的措施，有计划地对教师进行培训。例如，与IBM公司签订了高校教育合作协议，仅2005年就分别送出7人次参加IBM公司专门为高校教师举办的IBM新技术培训。这些教师都是本学科从事一线教学的主讲教师，他们参加培训以后，能将所掌握的信息技术及时应用到教学和科研当中，一方面对于提高教学质量起到了一定的推动作用，另一方面也有助于提高教师的科研水平，从而对稳定师资队伍有着积极作用。另外，我们也制定了一定的政策，如提高课时量等，鼓励教师更新教材、开新课。

5. 师资结构情况

本专业师资队伍的职称情况、年龄构成情况和学位构成情况分别见附表1-1~附表1-3。

附表1-1 师资队伍职称构成

职称	高级	中级	初级
百分比	56.7%	33.3%	10%

附表1-2 师资队伍年龄构成

年龄	55岁以上	36~55岁	35岁以下
百分比	0	60%	40%

附表1-3 师资队伍学位构成

学位	博士	硕士	学士
百分比	16.7%	56.6%	26.7%

6. 教学内容和体系改革

新专业并不是原有专业的简单糅合，我们选择的教学实施方案是整合，即对信息管理系、计算机系的教学资源进行有机的整合，构建出一套合适的教育实施方案，以此来培养具备扎实的电子商务理论与实践知识、视野开阔、富有创造性、动手能力强、适应面宽的电子商务专业人才。

电子商务专业是伴随着计算机与网络技术的发展而产生的新专业，由于IT业的发展非常迅速，要求教师关注本专业发展的前沿领域，不断学习，以保证专业教学内容不断更新，反映最新的学科知识。

本专业的培养方案经过多次修订，并吸收了校外评审专家的意见，形成了逻辑结构较为合理的课程体系，课程的设置符合主要培养熟悉计算机和网络应用技术，具有扎实的经济管理与现代商务的理论基础，掌握电子商务原理与技术、管理营销和电子商务法律等知识，能够从事现代商务管理、电子商务开发、应用与管理的高级复合型人才的目标要求。

（1）大力开发和研制CAI教学软件和多媒体课件。与课程体系和课程内容相配套，跟踪国内外最新的教改研究成果，研制多种计算机辅助教学软件并应用于理论和实验教学中，以直观、丰富、易学的特点，激发学生的学习积极性，解决理论深奥难懂和课时偏紧等难题。

（2）建立适应21世纪人才培养的实验教学新体系。以培养学生综合素质为基本出发点，注重学生创新能力的培养，加强综合性、设计性和研究性实验，引入现代化实验教学手段，通过改革实验方法和开放实验室，推行“综合素质+特色教育”的模式，通过优化和重组实验教学内容，对学生进行较为系统、完整的实验知识和多方位能力的综合培养。

（3）积极组织教师、学生深入企业，收集、整理不同类型企业应用电子商务的案例，积极推广案例教学。通过组织学生到企业实习，请企业有关人士到学校授课，学校为企业提供技术支持，校企共同开展项目研究等多种形式加强校企合作。

（4）采取多种方式，与相关企业合作共建实验室和实习基地，开拓学生社会实践渠道，加强电子商务重点课程实习、专业实习、毕业实习工作，切实提高学生的能力。

（5）建立一支高素质的师资队伍。以人为本，提高教师队伍的思想素质和业务素质；创造条件，引进人才，同时鼓励青年教师攻读博士学位，加快师资队伍博士化进程。继续坚持青年教师业务培训制度，建立和健全教师竞

争上岗机制，大力提倡和鼓励教师参与教学改革研究和科学研究工作。组织教师定期参加师资培训，创造条件引导教师参加科研工作，促进电子商务专业师资队伍整体研究能力的提高。

（6）定期召开教研室教学活动和基地建设活动报告会、研讨会，及时解决教育改革中遇到的各种问题。同时，结合课程体系和内容调整，统一组织，积极申请各类各级教研基金并编写出版相应的教材和讲义，固化教学成果。

（7）多渠道了解教学效果，定期召开师生座谈会。及时解决和改进督导、学生提出的各种问题。

（8）重视和加强网络资源建设，组织力量，建立课程网上学习和考试系统，专人负责，及时管理和更新。

（9）进一步加强理论联系实际，根据社会需求，加强信用、认证、标准、支付和现代物流方面的研究，及时将研究成果融入教学，不断改革教学内容，提高教学水平，提高人才培养质量，适应社会对电子商务应用人才的需求，满足电子商务和国民经济的快速发展。

7. 实验实训

电子商务专业教学的特点就是实验和实践教学环节较多，本专业课程中约有 1/2 需要开设实验。根据教学计划的安排，实验和实践教学包括课程内实验、毕业实习、毕业设计和论文等。对每门实验课程都制定了实验大纲、甄选了实验指导书，使学生做到实验前有准备、实验中有内容。

本专业的实践教学任务由担任该专业课程理论教学的教师同时承担，实践教学队伍结构合理、素质较高；有培养学生创新意识、创新能力和实践能力的措施，积极开展第二课堂，效果好；根据专业特点和需要积极有效开展设计性综合实验教学并占实验课程总数 80%以上；完成教学大纲规定的实验课程为 100%。

三、主要成果

1. 理论成果

（1）课题。

1）《我国电子商务专业人才培养模式的比较研究》，2005 年江西省教育改革课题（主持）。

2）《教育“以人为本”与高校创新人才培养》，2004 年江西省教育科学重点研究项目，编号为04ZD049（主持）。

3)《电子商务环境下的中国物流研究》，2003年江西省教育厅课题（主持）。

4)《加快信息化水平测算，促进江西经济的发展》，2003年江西省教育厅课题（主持）。

5)《江西普通高校实施双语教学的困境及对策研究》，2003年江西省教育厅课题（排名第三）。

6)《江西物流产业发展分析》，厅级课题（主持）。

7)《当代大学生心理健康教育实践模式的研究》，江西省社科“十五”规划一般项目（主持）。

（2）论文。

1）施文. 电子商务人才培养模式研究［C］//2005年中法信息工程教育及大学教育学术研讨会论文集. 机械工业出版社，2005.

2）施文. 九十年代以来江西信息化的发展及对策分析［J］. 企业经济，2005（2）.

3）龚花萍. 教育“以人为本”与创新人才培养［J］. 中共南昌市委党校学报，2005（2）.

4）我国绿色物流实施策略［J］. 交通企业管理，2005（12）.

5）科技传播的多媒体化发展［J］. 图书馆理论与实践，2004（2）.

6）中国特色的企业文化建设［J］. 中共南昌市委党校学报，2004（3）.

7）江西省物流从业人员调查分析［J］. 企业经济布局，2004（11）.

8）电子商务与企业管理信息化［J］. 图书馆理论与实践，2005（3）.

9）信息检索课网络教学CAI课件的开发［J］. 中华医学图书情报杂志，2004（2）.

10）缩小数字鸿沟的规划分析与经济学思考［J］. 企业经济，2005（9）.

11）企业可持续发展的因素分析［J］. 企业经济，2005（9）.

（3）论著。

1）电子商务物流管理［M］. 北京：清华大学出版社，2006.

2）网页设计与制作实验指导（高等学校计算机基础教育教材精选）［M］. 北京：清华大学出版社，2005.

2. 实践成果（见附表 1–4）

附表 1–4 全国首届高校“创新、创意、创业”电子商务挑战赛江西分赛区

序号	参赛题目名称	组长姓名	组员姓名	指导教师姓名	获奖情况
1	e 家人老年旅游	刘瀚月	温振、郭鹏	魏莺、龚花萍	一等奖
2	创兴 DIY 有限公司创业计划书	董畅	刘翠茹、眢浩	魏莺、龚花萍	三等奖
3	“金字塔”理财师	魏莉萍	沈晓文、邹伟涛	魏莺、龚花萍	三等奖

四、结论

综合性大学电子商务特色专业建设工作是一项长期的系统工程，需要借鉴国内外的相应研究成果，结合中国高等教育的实际情况，大力加强课程体系和教材建设，改革人才培养方案，强化实践教学，加强教师队伍建设，紧密结合国家、区域经济社会发展需要推进专业建设，切实为同类型高校相关专业和本校的专业建设和改革起到示范和带动作用。

参考文献

［1］教育部高等学校电子商务专业教学指导委员会. 普通高等学校电子商务本科专业知识体系［M］. 北京：高等教育出版社，2009.

［2］潘旭华. 电子商务专业创新型应用人才培养模式研究［J］. Computer Education，2009（15）：16–19.

［3］生永明，陆建飞. 发挥综合性大学优势努力培养农科创新人才［J］. 中国农业教育，2006（5）：44–45.

［4］唐吉，关南宝，吴娜. 电子商务专业课程教改方案［J］. 商场现代化，2007（35）：127.

［5］李艳梅. 电子商务专业教学问题探悉［J］. 西南农业大学学报（社会科学版），2009，7（3）.

［6］邓鲲鹏，严瑜筱. 电子商务模拟教学探索［J］. 商场现代化，2007（24）：136.

［7］杨行昌. 电子商务专业人才培养模式的优化与创新［J］. 河南农业，2009（9）：11–12.

［8］刘春艳. 我国电子商务专业人才培养现状、问题与对策［J］. 黑龙江教育，2009（12）：107.

［9］电子商务专业建设质量评估自评报告（内部资料）.

附录2 信息化创业型电子商务特色专业研究

江西师范大学
孙德林 蒋科蔚 蔡晓阳 徐 舒 余 杰

一、研究背景

我国正在经历着前所未有的经济社会转型，这种转型不仅使我国社会实现了持续快速的发展，我国高等教育也随之加快了发展的步伐。特别是1999年以来，我国高等教育在迈向大众化教育阶段的道路上实现了跨越式的发展。为了满足经济发展对高素质专业技术人才的需求及广大消费者对接受高等教育日益增长的需求，1999年高等学校开始大规模扩招。从新中国成立初期的高校在校生11.7万人到2002年的1512.62万人，毛入学率达15%，正式迈入了高等教育阶段的门槛。2007年继续扩招27万人，毛入学率达23%，我国高等教育进入了大众化的实质性阶段。按照教育部公布的数字，2005~2009年，全国高校毕业生总数分别为338万人、413万人、495万人、559万人、611万人，"十一五"期间，毕业生人数每年以近15%的速度递增，2010年达到630万人。可见，劳动力市场可以提供的岗位数已然无法支撑每年增长的大学生人数，大学生就业问题日益成为社会关注的焦点问题，年年递增的大学毕业生已成为当前我国社会的就业压力之一。如何解决好大学生就业问题，已成为政府促进社会和谐稳定和可持续发展的重要课题。

面对严峻的就业压力，党的"十七大"作出"实施扩大就业的发展战略，促进以创业带动就业"的总体部署，这是解决当前和今后就业问题的重要方向和重大举措。之后，人力资源和社会保障部等部门2008年制定的《关于促进以创业带动就业工作的指导意见》指出："应从创业意识、创业能力和创业环境着手，逐步形成以创业带动就业的工作新格局。""加强普通高校和职业学校的创业课程设置和师资配备，开展创业培训和创业实训。""重点指导和促进高校毕业生创业。"各地也相继出台了一系列扶持政策，鼓励和帮助大学生自主创业、灵活就业。

大学生创业需要有国家政策的长期扶持，也需要高校对大学生进行系统的创业理论培养，这是保障国民经济具有强大的活力和社会稳定、快速发展的要求，也是高校研究探索的重要任务之一。

我国一直就要求高校利用自身优势支持大学生创业。1998 年 12 月，我国编制的《面向 21 世纪教育振兴行动计划》明确指出：实施“高校高新技术产业化工程”，带动国家高新技术产业的发展，为培育新的经济增长点做贡献。利用高校自身优势为科研攻关和各行业的结构调整与改造服务，加强产学合作和成果转让，兴建高新技术产业化基地或科技园区等“孵化器”，并强调“加强对教师和学生的创业教育，鼓励他们自主创办高新技术企业”。1999 年 5 月，由团中央、科技部共同发布了《关于共同实施中国青年科技创新行动的意见》，鼓励青年创新、创业，为大学生创业教育提供了机会与支持。1999 年 6 月，中央出台的《关于深化教育改革，全面推进素质教育的决定》也强调了上述思想：“高等教育要重视培养大学生的创新能力、实践能力和创业精神，普遍提高大学生的人文素养和科学素养。”2005 年 9 月，团中央国际联络部、国际劳工组织和联合国青年就业网络中国项目合作办公室共同开展的大学生创业教育试点项目“了解企业”（Know About Business，KAB）在北京正式启动。该项目是国际劳工组织为培养大学生的创业意识和创业能力而专门开发的新项目。

大学生创业可选择的行业很多，信息化创业是适合大学生创业的一个方向。信息化创业是一种创业形态，是指在信息时代条件下，创业者运用现代信息技术手段进行创业活动。信息化创业可划分为很多类型，按行业划分的类型有很多，如有电子商务型、动漫型等。

当今时代的一个重大特征是学科交叉、知识融合、技术集成，科学技术的迅猛发展使多学科交叉融合、综合化的趋势日益增强。当今时代，任何高科技成果无一不是多学科交叉融合的结晶。因此，具有一项专业技能，并在其他领域有特长的复合型人才是市场上最缺乏的，是企业又求之若渴的人才类型。市场调查显示，各行业、各地区对复合型人才的需求非常强烈，企业偏爱复合型人才，时代呼唤高素质复合型人才。什么是复合型人才？复合型人才应该是在各个方面都有一定能力，在某个具体的方面能出类拔萃的人。复合型人才包括知识复合、能力复合等多方面。复合型的人才首先在知识结构上应该是自然科学和社会科学的融会贯通；其次，复合型的人才还体现在理论和实践的有机结合上。

信息化创业需要的就是复合型人才。信息化创业人才是具有扎实的信息技术、经济管理知识、创业知识和技能的高级复合型人才。信息化创业人才的知识与技能架构的要求如下：第一，要具备四个方面的知识，一是商务知识（包括电子商务知识），二是信息技术知识，三是特定行业的知识，四是创业知识。第二，要具备三个方面的技能，一是商务营销技能，二是网站开发基本技能，三是创业技能。

电子商务专业作为与管理学、经济学、法学、信息技术交叉融合的复合型专业，其专业特色既有复合型知识体系优势，又有自身专业知识特点，因而电子商务人才是复合型人才。电子商务人才的出现，顺应了社会发展对复合型人才的需要，在我国鼓励大学生自主创业的大环境下，电子商务人才将在创业大潮中一显身手。

根据市场对电子商务人才多样化的需求，电子商务专业可划分为两大基本方向：商务型、技术型，在这两大基本方向的基础上，各高校可结合自身优势开辟更多的专业方向。例如，按行业划分专业方向有服装型、旅游型、创业型等。其中，信息化创业又是创业型方向中的一种，这也是本课题研究的内容。根据我国的就业形势和创业大潮，高校开辟信息化创业型电子商务特色专业方向是很有必要的，高校依据这个特色专业定位，加强信息化创业型电子商务特色专业建设，构建电子商务型信息化创业人才培养模式，促进大学生创业，促进经济社会和谐快速发展。

二、研究的意义

本课题的研究有着重要的现实意义和理论意义，具体如下：

1. 贯彻落实中央“促进以创业带动就业”部署的重要举措

当前及今后一个时期，我国就业形势依然严峻，以创业带动就业工作是实施中央扩大就业发展战略的重要内容，是新时期实施积极就业政策的重要任务。促进大学生创业，有利于发挥创业的就业倍增效应，对缓解我国就业压力、促进社会和谐具有重要作用。信息化创业教育是培养大学生创业人才的重要途径，通过课题的研究，大力促进大学生信息化创业。

2. 满足有志进行电子商务型信息化创业的大学生的迫切需求的具体行动

面对我国严峻的就业形势，以及国家对创业的政策支持，创业成为一部

分大学生就业和实现个人价值的重要选择。

以计算机技术、网络技术和现代通信技术为主的信息技术革命是社会信息化的动力源泉。随着社会信息化进程的不断推进，电子商务得到飞速发展，电子商务的广泛应用给大学生拓展了发展事业的广阔视野，利用电子商务进行网上创业是信息化创业的一种创业形式。作为一种新的创业方式，网上创业一方面拥有国家政策支持和巨大的市场空间，还拥有成本低廉和营销方便的经营优势。利用网上创业这种形式，对于具有理论知识和信息技术但缺少资金的大学生来说很是适合。因此，吸引了一大批大学生，很多大学生有在网上创业的迫切要求。本课题的研究，正是旨在培养电子商务型信息化创业人才，因此能满足大学生网上创业的需求，让大学生了解和掌握电子商务型信息化创业理论知识和技能，为大学生创业提供助力。

3. 有利于提高电子商务型信息化创业人才的综合素质

创业是艰难的。例如，网上创业面临竞争激烈、法律和信用环境欠佳、网络安全等风险。要想网上创业成功，创业者要有利用电子商务创业的综合素质，既要掌握电子商务理论和技能，又要具备创业基本素质和能力（要有创业意识、创业品质、创业知识、创业能力）。

本课题的研究通过推进信息化创业电子商务特色专业建设，来达到提高学生信息化创业基本素质和能力，培养高素质的电子商务型信息化创业人才的目的。例如，对于电子商务型信息化创业的专业知识体系构架建设，我们是在电子商务专业知识体系的核心知识模块和单元的基础上，增加了网上创业知识模块和单元，从而组成体现电子商务专业人才培养特色的专业知识体系。通过这种专业知识体系，将网上创业教育落实到电子商务专业理论知识学习、技能训练和创业素质能力培养的过程中，提高学生利用电子商务创业的综合素质，使学生不仅具备电子商务专业理论知识和技能，同时还具备网上创业的基本素质和能力。

通过对大学生信息化创业基本素质和能力的培养，还有利于减少大学生创业风险。市场变幻莫测，风险无处不在。从理论上讲，风险与收益并存，风险越大收益也就越大。但是作为一个刚走出校门的大学生，无论是在财力上还是在精神上，承受风险的能力十分有限。所以，大学生创业必须要有风险意识，学会控制风险，否则一旦失误将淹没在市场风浪中。树立风险防范意识，学会控制风险，是对大学生信息化创业基本素质和能力培养教育的重要内容之一。通过风险教育，促使创业者在市场经济大潮中不会盲目乐观，了解自己承担的风险，能头脑冷静地进行市场分析，并能利用风险防范手段控制自己的创业项目建设和运营风险，增加创业成功的可能性。

4. 有利于探索推进信息化创业型电子商务特色专业建设研究

在学术界创业研究中，更多关注的是大学生的创业教育，而很少分类研究大学生创业教育。本课题就是专门研究基于电子商务的信息化创业教育。通过对本课题的研究，为培养创业型的电子商务人才提供参考，也希望引起学术界对此问题的重视，推进信息化创业型电子商务特色专业建设。

三、研究目标

为贯彻落实中央“以创业带动就业”的总体部署，以培养信息化创业型电子商务人才为目的，围绕专业建设的培养目标、人才培养模式、课程设置、实践教学等方面进行改革创新，提高特色专业建设水平。具体目标如下：

1. 提高信息化创业型电子商务人才的综合素质

通过理论和实践教学相结合的新型教学模式，在使学生掌握电子商务理论和技能的基础上，培养学生的创业意识、创业品质、创业知识、创业能力，促进大学生创业活动的深入开展。

2. 推动电子商务专业教育改革

通过开辟信息化创业型电子商务专业方向，推动电子商务专业建设的全面改革创新，使电子商务专业办出特色、办出水平。

四、主要内容简介

江西师范大学电子商务专业在“本科教学工程”建设过程中，进行了“信息化创业型电子商务特色专业”建设与研究，在电子商务本科专业中开辟了信息化创业专业方向，按照基于信息化创业的电子商务人才培养的思路，确立了信息化创业型电子商务专业人才培养目标；改进现有的人才培养方案，对人才培养模式、知识体系和能力、课程体系设置、实践教学等进行调整，对教学模式、教学手段、教学方法、教学设施等进行全面更新；对专业教师进行全面培训与指导，确保专业教师能很好地理解和操作新的人才培养模式；以先局部后整体的方式在本校电子商务专业学生中实施基于信息化创业的电子商务人才培养模式；对教学效果进行分析评价，为进一步完善基于信息化

创业的电子商务人才培养模式提供一手资料。

五、主要研究方法

1. 文献法

文献法借助《全国新书目》、《中文报刊教育论文索引》和各类教育网站搜寻有关信息化创业型电子商务特色专业研究的国内外学术信息，收集相关的文献资料，然后把资料分类整理。组织课题组成员学习有关理论和文献资料。结合专业培养目标及知识与技能要求，对文献进行分析研究，通过对文献分析研究，形成信息化创业型电子商务特色专业建设的思路。

本课题在研究过程中调研的文献包括：电子商务专业知识体系结构、信息化创业教育的相关理论和文献资料、网络学习理论、教学设计理论、混合式学习的相关文献、电子化学习的相关文献等。

2. 访谈法

本研究在教学改革和实施过程中，对任课教师和部分学生进行了访谈。了解了他们对信息化创业学习的看法，了解了他们在这种教学和学习中遇到的问题，分析教学改革和实施过程中存在的问题，提出解决问题的办法。

3. 观察法

由于课题组成员均为一线任课教师，观察法成为了一种非常方便有效的收集原始资料的方法。在理论教学和实践教学过程中，观察教学改革和实施对学生产生的影响，哪些地方需要进一步改进完善。

4. 行动研究法

在任课教师的支持和配合下，以一个年级的电子商务专业学生为实验对象做了行动研究，探讨基于电子商务知识体系结构的信息化创业方向培养方案的设计与具体实施的模式与方法。

六、研究的主要过程

1. 现状分析

根据教育部高等学校电子商务专业教学指导委员会编制的《普通高等学校电子商务本科专业知识体系》（试行版）设计的电子商务专业知识体系，以及2000年以来本校电子商务专业人才培养的实际情况，分析和探讨江西师范大学电子商务专业人才培养中存在的主要问题。具体包括：专业定位是否符合市场需求？人才培养目标是否正确？专业发展的环境如何？专业的课程设置是否科学？要求的专业能力通过4年培养是否实现？实现了多少？是否需要改进？教学方法是单一还是多样化的？教师的教学能力怎样？教学评价是否实施得当？教学管理水平如何？等等。

2. 提出假设

根据相关理论和知识体系，结合现状分析的结果，提出信息化创业型电子商务专业人才培养模式，制定人才培养模式改革方案。

3. 验证假设

挑选2006级电子商务专业作为实验对象，对信息化创业型电子商务专业人才培养模式进行实施，在具体实施过程中收集相关数据和信息，并进行过程性评价。

4. 调整方案

根据具体的实施过程收集的相关数据对人才培养模式进行调整和完善，使之更加符合专业教育实际。

5. 推广实施

将调整完善后的信息化创业型电子商务人才培养模式应用于江西师范大学商学院电子商务专业。

七、主要研究成果

（1）孙德林. Strategic Study on Promoting the New-type Industrialization by Means of Information-based Entrepreneurship，2009信息、电子和计算机科学国际学术会议暨2009信息安全与应用国际研讨会，2009.8.

（2）孙德林. Construction and Management of Electronic Commerce Knowledge System Innovation Experimental Plot Project，2009 IEEE计算机网络与多媒体技术国际会议（CNMT2009），2009.8.

（3）孙德林. Preliminary Study on the Knowledge System Applicable to Inter-disciplinary Innovative Talents for Information-based Entrepreneurship，2009 International Forum on Information Technology and Applications，2009.9.

（4）孙德林. The Essence and Second-mover Advantage of Information Entrepreneurship，The 2nd International Symposium on Information Engineering

and Electronic Commerce（IEEC2010），2010.7.

（5）孙德林. Research of Informationization Entrepreneurship Education's Essence and Characteristic，2010 International Forum on Information Technology and Applications，2010.7.

（6）孙德林. Research on Chinese Comprehensive University Electronic Commerce Specialty Construction，2010 Third International Conference on Education Technology and Training（ETT 2010），2010.11.

（7）孙德林. 创业理论与技能［M］. 北京：高等教育出版社，2008.

（8）孙德林. 创业管理与技能［M］. 北京：经济管理出版社，2010.

八、研究的局限性与今后设想

本课题研究存在的局限性如下：

（1）信息化创业型电子商务专业理论研究和实践还处于一个起步阶段，研究正处于从概念解析、意义描述、现状阐述等表层分析向理论和实践教学体系构建的原则、方法和路径探讨的过渡之中。目前，信息化创业型电子商务专业理念尚未形成、理论的“范式”与体系的“规制”尚未出现，缺乏量化的深入研究。

（2）从事专门研究的队伍缺乏。由于目前我国大多数的高校没有相应的专业方向和课程设置，因此研究人员大多来自其他领域，且专门从事该领域的研究人员不多。

（3）由于缺乏信息化创业教育研究的平台，有针对性的、专业性的期刊和杂志较少，相关的研究也非常少，因此本课题可借鉴的研究成果和样本也不多。

今后的研究设想如下：

第一，拓展研究内容的广度和深度。根据全球创业观察（GEM）的报告，中国在全球创业活动中是属于活跃状态的国家，且中国的创业环境正在不断改善，不断发展的创业实践决定了我国未来经济对创业和创业教育的巨大需求。今后的研究应注重深入研究如何有效地开展信息化创业教育，以及如何提高大学生的信息化创业理论和实践能力，并将其转化为促进我国经济发展的力量。

第二，拓展研究方法和研究工具。要采用定性分析和定量分析相结合的办法进行研究。在我国创业与创业教育研究的起步阶段，大量运用实地研究、访谈、个案分析等定性研究方法可以为信息化创业型电子商务学科理论的构建发挥重要作用。

第三，营造研究环境。充分意识到创业与创业教育研究在未来高等教育和我国经济发展中的地位，在研究队伍的培育和学科体系的建设上提前做出规划，积极推进信息化创业教育的发展。

第四，建立信息化创业教育评价体系。信息化创业教育评价是高校实施信息化创业教育，对大学生的创业意识、创业技能和创业精神的培养和提高程度，以及其社会价值的实现等方面做出判断的过程。借鉴国内外的相应研究成果，结合我国实际来建立一个大学的信息化创业教育评价体系，以便更好地引导和规范本领域的研究和发展。①

① 王辉. 中国大学创业教育研究现状、问题与对策［J］. 高教发展与评估，2005（6）.

附录3 航空物流型电子商务特色专业研究

南昌航空大学

雷 轶 谢奉军 黄 蕾 刘 浪 贾伟强

随着国内电子商务的不断发展，如今业已迈进了“技术泛在化、应用社会化、组织生态化”的快速变革时期。不论个人对于互联网的依托，还是企业诉诸互联网应用的各项手段，显然，一个单纯的在线销售已经不足以涵盖如今的电子商务。国内电子商务的发展已经从应用型技术手段的比拼跃迁为服务型应用元素的差异化比较。电子商务快速发展的趋势对我国电子商务人才培养中的知识体系提出了两方面的新要求——知识人才的创新需求和教育体制的创新需求。特色电子商务专业是培养信息化复合型电子商务人才的有效途径，是对传统电子商务专业人才培养模式的创新，符合当前信息经济社会对电子商务专业的要求。

一、航空物流型电子商务特色专业建设的概况

1. 研究背景

（1）行业发展背景。随着信息与知识经济时代的到来，互联网日益成为人们从事商业贸易、生产经营、事务处理等工作的重要工具和媒介，基于互联网的电子商务正逐渐成为互联网发展的重要内容，电子商务将主导 21 世纪的国际经济。

各国政府极为重视电子商务的开展。美国政府把推行电子商务作为其一项经济发展战略任务。许多国家的政府都认为电子商务的发展是 21 世纪世界经济发展的一个重要推动力，甚至可以与 200 年前的工业革命相比。我国也非常重视电子商务的发展，2001 年 4 月，北京召开了第五届中国国际电子商务大会。在《中共中央关于制定国民经济和社会发展第十个五年计划的建议》中强调：“要在全社会广泛应用信息技术，提高计算机和网络的普及应用程度，加强信息资源的开发和利用。政府行政管理、社会公共服务、企业生产经营要运用数字化、网络化技术，加快信息化步伐。面向消费者，提供多方

位的信息产品和网络服务。积极创造条件，促进金融、财税、贸易等领域的信息化，加快发展电子商务。”

根据电子商务发展状况和特点，对电子商务就业领域进行分析。电子商务实践主要涉及信息服务、生产制造、软件开发、互联网应用、信息化和电子政务等领域，针对这6个领域目前的发展势态，电子商务实践最多的是针对互联网应用方面的研究，兼顾通信服务、生产制造、软件开发和信息化领域的应用成果及其对互联网应用的支持和作用，形成具有自身特点的、多学科交叉的、独立的人才培养与就业模式。

（2）就业背景。随着电子商务营销手段的创新与发展，电子商务专业人才日益受到社会的青睐。据统计，目前人才市场对电子商务人才的需求每年在50万人左右，但各个院校对电子商务人才培养的质量远远不能满足社会的实际需要。尤其值得注意的是，该专业作为一个新专业，在课程设置、师资配备、实验实训条件等方面存在较大差别，直接影响了该专业人才的整体培养质量。

所谓电子商务人才，是指利用计算机技术、网络技术等现代信息技术从事商务活动或相关工作的人员，即融IT与商务于一身的高素质复合型人才。他们具备一般技术人员或商务人员所不具备的比较优势，对综合能力有较高要求，既要具备一定的IT技术，又要掌握良好的商务运作能力，其中包括电子商务操作能力、网站建设（非技术性建设）与维护能力、商务信息分析处理能力、网络营销能力、丰富的商务知识和系统规划等方面的能力，具备包括计算机网络应用、电子商务、电子支付、电子商务物流配送、电子商务安全等基础知识。

随着电子商务的发展，我国国民经济各部门对电子商务技术人才、专业管理人才的需求都将急剧增加。从2000年开始，所有贸易系统均采用电子商务，所以几乎所有的外贸企业和拥有进出口权的企业都迫切需要大量电子商务的专业人才；在推广和普及电子商务的过程中，银行、保险等金融部门将处于关键的地位，在电子支付与结算、认证等方面的业务，需要大量电子商务专业人才；我国政府和行业组织一直是电子商务的积极推动者，在推动电子商务应用方面，政府在制定和完善与电子商务相关的法律法规方面，同样需要熟悉电子商务潜在影响的公务人员和研究专家。

（3）学院背景。南昌航空大学是一所面向全国招生，以工为主，工、理、文、管、经、法、教等学科协调发展的综合性大学。创建于1952年，是全

国首批具有学士学位授予权单位。1985 年开始培养硕士研究生，1990 年获硕士学位授予权。原隶属于中国航空工业部、中国航空航天工业部、中国航空工业总公司，1999 年开始实行中央与地方共建、以地方政府管理为主的管理体制，是江西省人民政府与工业和信息化部（原国防科学技术工业委员会）共建的具有鲜明航空、国防特色的高等学校。

南昌航空大学经济管理学院的前身是 1993 年设立的社会科学系经济学教研室，2001 年 9 月成立经济管理系，2006 年 3 月更名为经济管理学院。目前，经济管理学院设了经济学、工商管理、信息管理与信息系统、电子商务、市场营销、工业工程六个全日制本科专业。现有全日制在校学生约 2000 人。电子商务专业自 2002 年开始招生，现已有毕业生 300 余人，毕业生主要从事电子商务经营、服务、管理等方面的工作。

2. 课题研究的意义

电子商务正在给世界贸易格局和经济增长方式带来巨大的变革，已经成为 21 世纪主要的经贸方式之一。电子商务的进一步深入发展需要大批量高层次的复合型专业人才。教育部高等学校电子商务专业教学指导委员会根据目前已有的 300 多所高校开展电子商务本科专业人才培养的现状，2006 年 12 月启动了《普通高等学校电子商务本科专业知识体系》的推进工作。按照教育部“高等学校本科教学质量与教学改革工程”的要求，组织专家在大量调研和前期工作成果基础上编制了本科专业知识体系（试行版）并于 2008 年 4 月正式出版。《普通高等学校电子商务本科专业知识体系》完整地介绍了知识体系的专业建设需求、基本定义、总体框架、实践要求、与课程体系的关系、在专业评估中的作用以及内容分类描述等。作为普通高校电子商务本科专业标准的一个基础，知识体系的实施将对各高校电子商务专业的规范化建设起到积极作用。

（1）理论意义。电子商务专业知识体系在高校本科通识教育的基础上，将本专业人才培养所需要的专业基础知识和专业知识按照学科类别、知识层次以及课堂教学与实践教学等多方面进行规范化的描述。特别是基于本体的交叉学科专业知识体系形成的规范化定义和组合化设计方法对建立专业评估标准和评估机制具有推广意义。

2007 年，教育部、财政部联合启动实施了国家高等教育“质量工程”，特色专业建设是“质量工程”的重要组成部分。特色专业建设的过程，是学校调整专业布局、优化专业结构，深化教学改革、探索人才培养模式，加强师资队伍建设、建立和优化教学团队，强化实践教学、着重培养学生实践能力和创新能力的过程，也是提高教育教学质量的过程。基于电子商务专业知识体系建立的航空物流型电子商务特色专业建设，紧扣国家大力振兴物流业的时代背景，以电子商务为基础，致力于培养适应我国现代物流、特别是航空物流发展的专业复合型人才。航空物流型电子商务特色专业研究丰富了电子商务专业人才的特色化培养模式，为适应外贸、钢铁等行业的电子商务特色人才培养、特色专业建设提供了参考和借鉴。

（2）实际意义。

1）提高高等教育质量。发展电子商务特色专业建设，一方面可以促进学校制定出一套好的人才培养方案，加强包括培养目标、课程体系、师资队伍及教学管理等多方面的探索与建设，从而推动全方位的教学改革；另一方面可以促进学校在人才培养过程中强化实践教学，大力推动产学研结合，实现教学内容与社会需求、学生学业与就业的零距离对接，提高人才培养质量。

2）促进学校特色与优势学科建设。特色专业是高校在一定办学思想指导下和长期办学实践中逐步形成的、独具特色、富有个性风貌的专业，是指教育教学整体水平和人才培养质量较高，在办学思想、专业建设、教学改革、科学研究、人才培养模式、人才培养质量等方面具有显著特色和较高社会声誉的专业。具有人无我有、人有我优、人优我精、人精我新、人新我特等特征。显然，特色专业的建设将有力地促进学校的特色与优势学科的形成。

3）提升学校综合实力和竞争力。在以质量求生存、以贡献求发展的今天，一所高校所拥有的特色专业是反映高校优势资源和办学特色的重要指标，是学校人才培养质量、科学研究水平和服务社会能力的重要体现，是提高学校知名度和扩大学校社会影响力的重要因素之一，是一所学校的无形资产和品牌标识。特色专业是学校特色的重要体现，没有特色专业就没有学校的办学特色，学校就没有生命力、没有竞争力、没有办学活力和实力。特色专业是学校生存和发展的支撑，对综合办学实力较强的学校，特色专业是学校做大做强的基础和保障。通过特色专业建设，使不同类型高校适应国家和区域经济、科技、社会发展对高素质人才的需求，根据办学定位，发挥已有的专业优势，办出特色，推进高校专业建设与人才培养紧密结合经济社会发展需要，集成有效经验和实践效果，以点带面，引领和示范其他专业加强建设和改革，提高办学质量，增强办学活力，提升学校综合实力和核心竞争力。

3. 理论依据

关于电子商务建设、物流业发展以及特色专业建设，国家出台了一系列扶持政策：

（1）电子商务发展相关政策。

1）《关于加快电子商务发展的若干意见》。2005 年 1 月 8 日，我国第一个专门指导电子商务发展的政策性文件——《关于加快电子商务发展的若干意见》（以下简称《若干意见》）颁布，该《若干意见》以政策性文件的形式阐释了国家对我国发展电子商务的若干重要意见，明确了我国发展电子商务的指导思想和原则，确立了我国促进电子商务发展的六大举措。

作为我国电子商务领域第一个全面的政策文件，该《若干意见》的颁布结束了我国长期以来缺乏对电子商务发展明确指引的状况，在我国电子商务发展史上具有重要的意义。《若干意见》依次从政策、法律法规、财税、投融资、信用、认证、标准、支付、物流、企业信息化、技术与服务体系、宣传教育培训、国际交流与合作等多个层面明确了国家推动电子商务发展的具体措施，必将极大地促进我国电子商务的发展，并为国际电子商务的进步做出贡献。

2）《关于网上交易的指导意见》。为贯彻落实国务院办公厅《关于加快电子商务发展的若干意见》（国办发〔2005〕2 号）的文件精神，推动网上交易健康发展，逐步规范网上交易行为，帮助和鼓励网上交易各参与方开展网上交易，警惕和防范交易风险，商务部于 2007 年 3 月 6 日发布《关于网上交易的指导意见（暂行）》。请参照本指导意见内容，积极开展网上交易活动，依法维护各方权益，创造和维护网上交易的良好环境，不断总结经验，共同推动我国的电子商务发展。

3）《国家电子商务发展“十一五”规划》相关条款。《国家电子商务发展“十一五”规划》强调了面向中小型企业和广大消费者的电子商务应用，指出中小企业要积极运用第三方电子商务服务平台，全面推行各种生产经营活动的业务外包，提高企业的管理水平和经济效益。

（2）物流相关政策。物流行业仍是目前电子商务的一大“瓶颈”。与美、韩等国家相比，美国的端对端物流体系相当发达，可以将资金流、信息流、服务流进行无缝对接，物流成本非常低，企业几乎可做到零仓储。韩国虽然小，但物流业也非常发达，物流配送的速度快、质量高、成本低。而中国国内的物流体系，成本过高，物流成本要占到零售成本的 7%~15%，实际上给消费者增加了负担；目前为止我国没有一家物流公司能够做到端对端服务，服务质量也不尽如人意，导致了消费者和商家之间的纠纷，且由于责任关系不明确，纠纷很难得到圆满解决，针对物流行业的保险也是空白；物流的信息化没有形成产业链，导致交易平台、中小企业、卖家之间信息不对称。业界呼吁通过政府和行业协会，进一步加大对物流业尤其是现代物流企业和电子商务配套的第三方物流企业扶持整合。

1)《关于加快我国现代物流发展的若干意见》。2001 年中国加入世界贸易组织（WTO）后，国家经贸委等六部委下发《关于加快我国现代物流发展的若干意见》，推动了中国物流业的快速发展。

随着经济全球化和信息技术的迅速发展，企业生产资料的获取与产品营销范围日趋扩大，社会生产、物资流通、商品交易及其管理方式正在并将继续发生深刻的变革。与此相适应，被普遍认为企业在降低物质消耗、提高劳动生产率以外的“第三利润源”的现代物流业正在世界范围内广泛兴起。

现代物流泛指原材料、产成品从起点至终点及相关信息有效流动的全过程。它将运输、仓储、装卸、加工、整理、配送、信息等方面有机结合，形成完整的供应链，为用户提供多功能、一体化的综合性服务。

我国现代物流发展正处于起步阶段，与发达国家相比尚有很大差距，但市场潜力和发展前景十分广阔。加快我国现代物流发展，对于优化资源配置，调整经济结构，改善投资环境，增强综合国力和企业竞争能力，提高经济运行质量与效益，实现可持续发展战略，推进我国经济体制与经济增长方式的根本性转变具有非常重要而深远的意义。

2)《物流业调整和振兴规划》。《“十一五”我国经济社会发展规划纲要》第四篇第十六章的第二节中明确提出了大力发展现代物流业的总要求。2009 年 3 月，国务院又发布了《物流业调整和振兴规划》，把物流业作为振兴和调整的十大产业之一，对我国物流业的发展提出了阶段性目标和具体落实措施。《物流业调整和振兴计划》指出：“物流业是融合运输业、仓储业、货代业和信息业等的复合型服务产业，是国民经济的重要部分，涉及领域广，吸纳就业人数多，促进生产、拉动消费作用大，在促进产业结构调整、转变经济发展方式和增强国民经济竞争力等方面发挥着重要作用。”

（3）特色专业建设相关政策。《教育部财政部关于实施高等学校本科教学质量与教学改革工程的意见》（教高〔2007〕1 号）指出，“十一五”期间将择优重点建设 3000 个左右特色专业建设点。特色专业建设点分“第一类特色

专业建设点”和“第二类特色专业建设点”两种类型分别遴选。

特色专业建设目标为：适应国家经济、科技、社会发展对高素质人才的需求，引导不同类型高校根据自己的办学定位，发挥已有的专业优势，办出专业特色，推进高校专业建设与人才培养，紧密结合国家经济社会发展需要，为同类型高校相关专业建设和改革起到示范和带动作用。

二、航空物流型电子商务特色专业建设的内容

1. 建设目标

以《知识体系》为指引，以学校航空工业大背景为依托，以物流为特色，致力于建设航空物流型电子商务特色专业及特色人才培养，注重人才培养的针对性和实用性。课题研究力争促进教育教学改革，提高办学质量，实现学校、企业、学生“三赢”。航空物流型电子商务特色专业研究目标如附表3-1所示。

附表 3-1　研究目标

序号	研究主要内容	预期目标
1	航空物流型电子商务人才培养模式	制定特色人才培养方案，从 2008 级开始实施，并跟踪实施效果。2010 年根据实施效果做进一步修正
2	课程体系	结合知识体系，构建模块化课程组
3	实训基地	完善学院实训室环境、开拓企业大型实训基地、充分利用网络媒介进行互联网实训基地建设
4	骨干教师	培养特色专业骨干教师 5 人
5	校企联盟	联系电子商务、物流企业，建立校企联盟，为企业培养和输送专业人才
6	就业率	通过特色专业培养，提高学生就业率

2. 航空物流型电子商务培养目标

（1）总体目标。航空物流型电子商务专业培养适应社会主义现代化建设和社会发展的需要，基础扎实、实践能力强、具有团队协作和创新创业精神，德、智、体、美全面发展，具备现代管理学理论基础、计算机科学技术知识及应用能力，掌握系统思想和电子商务系统分析与设计方法以及现代物流工程等方面的知识，能在政府各级管理部门、工商企业、金融机构、科研院所等单位从事电子商务系统的分析与设计、电子商务网站建设和物流工程及管

理等方面工作的应用型高级管理人才。

（2）知识目标。航空物流型电子商务专业学生主要学习现代管理科学、经济学、计算机科学、物流工程领域的基本理论和基本知识，接受系统工程思想和电子商务系统分析设计与管理等方面的基本训练，具备将现代管理科学、系统科学、经济学与信息技术融合、现代物流及现代服务科学、综合运用所学知识分析和解决问题的基本能力。

（3）素质目标。

1）具有为国家富强、民族昌盛而奋斗的理想、事业心和责任感，理论联系实际、具备实干创新的精神和勤奋、团结协作的品质与良好的社会公德、职业道德。

2）较系统地掌握管理学、经济学和计算机科学的基本理论和相关的基础专业知识。

3）熟悉电子商务系统的分析、设计方法和实现技术；了解航空物流领域的发展动态，能综合运用所学知识分析和解决物流工程领域的具体问题。

4）具有较强的学习能力、语言文字表达能力和计算机应用能力；掌握一门外语，具有一定的外语听、说、读、写、译的能力，能比较顺利地阅读专业外文资料。

5）掌握文献检索、资料查询、信息收集的基本方法，具有初步的科学研究和实际工作能力，具有信息组织、分析研究、传播与开发利用的基本能力。

3. 产学研人才培养模式特色

从职业岗位分析入手，根据其工作过程所需的综合能力与相关的专项能力，结合地区发展，建立起以电子商务领域最急需、实践性最强的针对以运用互联网技术从事商务活动的能力为中心的课程体系。将电子商务专业建设为生产、建设、服务和管理第一线需要的，具有行业和地区特色，适应中部地区经济繁荣和电子信息产业发展的国家示范性院校的示范专业。

（1）课程体系建设。从职业岗位入手，识别和分解出其工作所需的综合能力与相关的专项能力，结合地区发展，围绕培养综合型电子商务人才这一目标，建设电子商务优质核心课程及适合培养高技能人才的配套教材、教学课件等教学资源，并在其他院校推广。由行业企业专家、一线技术人员参与进行课程设置，一线技术人员兼职讲授实践技能课程。

（2）实训基地建设。

1）校内实训基地。现有经管学院实验室用于学生校内实训和取证，利用

率达到100%，保证了现有实训课的开出率达到100%。实验室目前开设的实验包括：电子商务模拟实验（B2B、B2C、C2C）、物流仿真实验、网络营销实验。

经管学院实验室目前开设的实验课程均可根据实验课程和实验内容的需要组合成符合课程要求的现场环境，让学生有身临其境的感觉。例如，做B2B交易实训时可以将实训室划分为网络银行、CA认证中心、生产制造企业、物流服务企业、贸易流通企业等功能区，每个区代表一个企业，更加真实地反映企业岗位的业务活动和工作流程，以及不同角色之间的协作。使学生具备在企业商务网站中进行商品维护、后台单证处理、电子银行及第三方支付系统操作、商品采购、退货处理、商品分类管理、商品信息更新、网上招标与投标、网上采购与销售和用户群组管理的能力；在商务交易中进行电子支付、CA认证、B2B、B2C等交易的操作能力；在自主创业中从事店面布置、网店发布、商品维护、订单处理、网上支付、库存管理、月末结账、利润核算等全方位的经营管理工作能力。

2）校外实习基地。构建校企结合办学大力开展“工与学递进”、“工与学交叉”、“订单培养”、“课证融合”等多种形式，构建多元化的校企结合人才培养模式方式。除对相应的课程体系进行改革，推行“参与式”、“项目式”、“任务式”、“工作室式”等模拟企业工作环境进行仿真教学外，走出校园，到企业进行“职场体验”。

通过定期让学生到航空、物流企业参加认知实习、社会实践、定岗实习等，尽快熟悉工作环境，通过企业式的管理能强化学生的就业意识，积累实践经验，增加学生的责任心和危机感。通过到企业的社会实践，学生能够得到企业的认可，打通了学生的就业渠道，学生到企业后对所学的知识能有新的理解和认识，可以发现自己的知识盲点和知识的薄弱环节，发现自己的优势，完善自己的知识结构，从而准确自我定位。

学生在这种条件下可以带动学生学习的积极性、主动性、自觉性，提高学生独立完成任务的能力，把“要我学”转变成“我要学”，激发学生的主观能动性。学生通过社会实践也带回来了很多有益的反馈信息，能够推动学校教学方式、教学模式、教学内容的深刻变革，这是在学校内培养所不能替代的。

3）互联网实训。以竞赛促进学生实训。分阶段、有步骤地指导学生参与学科竞赛，结合竞赛中企业提出的实际问题制定解决方案，提高学生解决实际问题的能力。

(3) 人才培养质量保障体系。逐步形成了独具特色的课程的运行机制、教学的管理机制、学生的评价机制、教学团队和实训基地的保障机制。以校企合作、产学结合为途径，进一步实践产学合作的模式，培养能够主动适应社会、融入企业文化的高素质技能人才，确保学生有半年以上的实习工作经历，加强对实习组织实施的过程管理，制定由企业对学生进行能力评估机制。

4. 教学计划特色

航空物流型专业培养计划体现了理论教学与实践训练相结合的人才培养模式。以经济管理知识与计算机技术为专业基础平台，注重夯实专业基础理论和学生专业实践能力，以航空特色鲜明的电子商务物流管理作为专业特色方向，培养具有一定工程技术知识的电子商务管理、网站运营和管理、物流运作与管理的专业人才。

毕业总学分最低要求为 197 学分。其中，理论教学 2516 学时，156 学分；实践性教学环节 35 周，33 学分，素质拓展教育 8 学分（见附表 3–2）。

附表 3–2　课程体系及学时、学分分配

课程类别	学时		学分		占总学分比例（%）	上机学时	实验（践）学时
	学时	比例（%）	学分	比例（%）			
公共必修课	692	27.9	43	28.1	22.2	32	34
学科基础必修课	1248	48.8	78	49.3	40.1	24	180
专业选修课	464	18.4	29	18.6	14.6	28	20
全校综合教育选修课	120	4.8	6	3.9	3.0		
理论课学时、学分合计	2516		156		78.9		
实践环节（周数、学分）	35		33		17		
素质拓展教育（学分）	8						
毕业要求最低学分	197						

(1) 理论教学环节。

1) 工学结合的重点、核心课程建设。根据“依岗定能、按能设课”的指导思想，按照岗位和职业能力要求建设与航空结合的优质核心课程。重点建设《电子商务概论》、《网络营销》、《数据库原理》、《电子商务物流管理》、《空港物流规划与运作》等与学校航空背景结合、凸显物流特色的核心课程。

2) 资源库建设。将核心课程制成资源库。将核心课程的授课计划、教学

大纲、教材、课件、电子教案、试题库等上传至学校“天空教室”，并充分利用校园办公自动化系统以及QQ讨论群中的群共享功能，将这些资料共享给本专业相关老师，以供大家互相学习。

3）整体、系统化课程设置。从培养学生的学习能力、适应能力、团队合作能力、管理能力和思维能力以及抗挫折能力出发，对电子商务专业4年的学习课程进行整合和系统规划，明确课程之间的相关性和前后联系。

4）教材及课件建设。按照专业的要求，对教学内容进行改革。加大特色教材的编写力度并组织教师编写教材与实验、实训指导书和配套课件等。开发2~4门理论与实训一体化教材，加大案例教学内容，充实教材内涵。

5）教学方法和教学评价机制建设。教学手段、方法是保障教学效果的重要环节，在教学手段与方法的改革中，实现理论教学与实验、实习、实训一体化，加大案例教学的比重。加强校内教学评价机制建设，配合学校教学机构和督导组专家及时收集教学信息，开展各种形式的教学质量监控工作，实行教师自查、互评，实施以教评学、以学评教的教学评价机制（见附表3–3）。

附表3–3　各学期教学分配表

项　目	各学期分配								小计
	一	二	三	四	五	六	七	八	
教学总周数	18	19	19	19	19	19	19	19	151
入学教育	1	—	—	—	—	—	—	—	1
毕业教育	—	—	—	—	—	—	—	1	1
考试周数	1	1	1	1	1	1	1	—	7
实践环节周数					3	3	4	17	27
理论教学周数	16	18	18	18	15	15	14		
学期理论课总学时	300	378	408	416	280	280	80		
平均周学时	18.75	21	22.67	23.11	18.67	18.67	5.7		
必修课程门数	6	8	9	8	6	7	2		46
考试课程门数	4	3	8	6	3	2	1		27

（2）实践环节。在教学计划中增加实践课时，将理论教学与实训相结合，切实提升特色专业教学效果。

1）专业社会调查。本课程是电子商务专业学生课程中的实践性课程。其目的是通过调查增加学生对企业电子商务建设的感性认识，使学生达到巩固和加深对理论知识的理解，获得生产实际的知识和技能，培养与提高学生的实践能力、创新能力与创业意识等目的，为后一阶段结合实际学习专业课程打下良好的基础。本专业前期课程主要是电子商务概论以及企业管理等。

调查了解单位的实际情况，特别是企业信息化建设与管理情况、企业开展电子商务及企业所处的行业开展电子商务情况，从而提高对企业管理特别是企业电子商务的全面认识；运用已学的理论知识分析实习单位的现状及存在的问题，重点分析企业开展电子商务方面存在的不足，提出相应的对策与建议，并寻求解决问题的可行方案，做到理论和实践相结合，增强分析问题和解决问题的能力；切身体验目前企业信息化及开展电子商务面临的困难与问题，提高对现实问题的认识，提高对企业和社会的认识，增强建设祖国的责任感和使命感；通过社会调查，使学生进一步加深对书本知识的理解，加强对实践能力与创新能力的培养，同时，也让学生意识到自身的不足，更加明确下一步的努力方向。增强自觉学习的意识与动力；培养学生电子商务专业的技术技能与商务技能，为以后的毕业设计及毕业以后走向社会打下一个良好的基础。

2）电子商务强化训练。电子商务专业强化训练是为电子商务专业的本科学生开设的一门实践课，是重要的教学实践环节。通过课程设计，学生具备了电子商务系统分析能力，具备了一般中小型电子商务网站项目的策划、开发能力。“专业强化训练”意在解决学生的实际动手能力和综合解决问题的能力。这是一次全面的、综合性训练，通过训练学生可以将所学到的电子商务技术与企业管理知识融会贯通，为毕业实习做好准备。

学生通过课程设计，熟悉整个电子商务网站建设过程，掌握前台网页制作工具、后台数据库管理的方法，分组协作、明确分工，共同完成网站建设，以增强合作能力；掌握综合“网站建设”开发能力、“电子商务数据库”应用能力；了解相关图形美化设计功能，设计制作出具有一定美感的页面及网络广告，理解网站推广策划方案、方案的选择以及电子商务系统分析设计原则。

3）学年论文。撰写学年论文是教学计划中一个十分重要的教学环节，它在学生完成大部分专业基础课和部分专业课的学习后，于第六学期暑假进行，历时四周。撰写学年论文是对专业基础课和专业课教学质量的一次全面检查，是对学生知识综合能力、创造能力的一次考核，也是提高学生诸项能力的一次极好机会。

在教师指导下，围绕一个课题，学生通过查阅与课题有关的文献资料，

综合运用学过的理论和知识，提高分析问题与解决问题的能力，获得信息管理人员独立撰写学术论文的初步训练，为今后撰写毕业论文或毕业设计文档奠定基础。学年论文要求学生深入、全面地领会课题内容，在教师指导下完成一篇4000字左右的学术论文。

5. 知识体系特色

电子商务专业教育的知识体系依据专业学科分类和知识内容分解形成知识领域、知识模块、知识单元和知识点（和实践点）四个层次，其中知识单元是教学的基本单元。知识单元又可以分为核心知识单元、可选知识单元以及自定义知识单元三类。本试行版本提供了建议的核心知识单元和可选知识单元两部分。

以知识体系为指导方针，对航空物流型电子商务特色专业课程体系中航空物流模块的主要课程知识点梳理如下：

（1）电子商务物流管理（见附表3–4）。

附表3–4　电子商务物流管理主要知识点

序号	教学内容	课时	知识单元	知识点	
				标准知识点	自定义
1	导论	5	ECM.LOG.LOG1	电子商务与物流的关系	
2	电子商务物流市场	5	ECM.LOG.LOG1	物流系统	
3	运输管理	4	ECM.LOG.LOG1	电子商务物流业务流程	
4	采购与储存管理	6	ECM.LOG.LOG1	电子商务物流业务流程	
5	包装与装卸搬运管理	6	ECM.LOG.LOG1	电子商务物流业务流程	
6	电子商务物流配送管理	6	ECM.LOG.LOG1	电子商务物流业务流程、电子商务物流服务内容设计	
7	物流信息技术及仓库自动化	6	ECM.LOG.LOG4	物流信息技术、物流系统的功能框架	
8	电子商务与国际物流	4	ECM.LOG.LOG2		电子商务国际物流
9	物流成本管理	2	ECM.LOG.LOG3	运作成本和服务水平	

续表

序号	教学内容	课时	知识单元	知识点	
				标准知识点	自定义
10	物流管理方法简介	2	ECM.LOG.LOG5	电子商务物流业务流程、电子商务物流管理流程优化	
11	物流系统分析与设计	2	ECM.LOG.LOG4	物流信息系统分析设计、电子商务物流管理集成方案	
合计		48	5	10	1

（2）空港物流规划与运作（见附表 3–5）。

附表 3–5　空港物流规划与运作主要知识点

序号	教学内容	学时	知识单元	知识点	
				标准知识点	自定义
1	绪论	2	ECM.LOG.LOG1	电子商务下物流系统再造	
2	空港物流发展的现状	2	ECM.LOG.LOG1		空港物流基础
3	运输管理	2	ECM.LOG.LOG1	电子商务物流业务流程	
4	空港物流规划	2	ECM.LOG.LOG2		空港物流运作模式
5	国际货运代理	2	ECM.LOG.LOG2		国际物流运作模式
6	空港物流设施设备	2	ECM.LOG.LOG1		空港物流业务流程
7	航空集装箱设备	2	ECM.LOG.LOG1		空港物流业务流程
8	空港物流信息化建设	2	ECM.LOG.LOG4		空港物流信息技术
9	行李处理系统	2	ECM.LOG.LOG4		空港物流信息技术
10	航空货运服务链	2	ECM.LOG.LOG1		航空物流服务
11	空港物流活动	2	ECM.LOG.LOG1		航空物流服务
12	货物托运交付索赔	2	ECM.LOG.LOG3	运作成本和服务水平	
13	航空货物运输运价和运费	2	ECM.LOG.LOG3		航空物流运作成本
14	运输单证	2	ECM.LOG.LOG3	电子商务物流管理流程	
15	特种货物运输	2	ECM.LOG.LOG3		特殊物流管理流程
合计		32	4	4	8

（3）物流信息技术（见附表 3-6）。

附表 3-6 物流信息技术主要知识点

序号	教学内容	学时分配	知识单元	知识点	
				标准知识点	自定义
1	物流信息技术概论	2	ECM.LOG.LOG1	物流基础知识	
2	数据库与管理技术	4	ECT.DBM.DBM3	数据库基本结构	
3	物流管理信息系统	2	ECM.LOG.LOG4	物流信息系统分析设计	
4	物流企业网络技术	4	ECT.NET.NET3	网络互连的基本原理	
5	物流条码技术	4	ECT.LIT.LIT1	条形码技术的基本概念、物流条形码的标准、物流条形码识别方法、N 维条形码及应用	
6	物流 EDI 技术	4	ECM.IFM.IFM4	企业内部信息流、企业与企业的信息流、企业与客户之间信息流	
7	GIS 技术	4	ECT.LIT.LIT4	GIS 基本原理与功能、GIS 的数据组织与管理、WebGIS 与移动 GIS	
8	GPS 技术	4	ECT.LIT.LIT3	GPS 基本功能、GPS定位的坐标系统、GPS 在物流领域中的应用	
9	智能运输系统概述	4	ECT.LIT.LIT5		智能运输系统的应用
合计		32	4	17	1

（4）航空货运管理（见附表 3-7）。

附表 3-7 航空货运管理主要知识点

序号	教学内容	学时	知识单元	知识点	
				标准知识点	自定义
1	世界航空货运的发展	2	自定义知识单元：航空货运基础		世界民用航空的发展历程及发展状况、世界航空货运的发展动态
2	中国航空货运的发展	2	自定义知识单元 航空运输管理体系		中国民用航空运输的起源、中国民航发展历程、中国航空货运发展的特点

续表

序号	教学内容	学时	知识单元	知识点	
				标准知识点	自定义
3	中国航空货运市场分析	2	ECM.LOG.LOG2		航空货运市场运作模式
4	民用航空运输管理体系	2	自定义知识单元：航空运输管理体系		民航运输管理体系构架、民航运输管理成本控制
5	国际航空公约及其在航空货运管理中的应用	3	自定义知识单元：航空运输管理体系		航空运输管理政策法规
6	航空货运	2	ECM.LOG.LOG1		航空物流服务
7	航空邮件运输	3	ECM.LOG.LOG1		航空物流服务
8	航空快递	2	ECM.LOG.LOG1		航空物流服务
9	航空物流	2	ECM.LOG.LOG1		航空物流服务
10	航空货运管理中的计划	4	自定义知识单元：航空运输管理体系		航空货运管理的计划、航空货运管理流程优化
11	航空货运管理中的组织	2	自定义知识单元：航空运输管理体系		航空货运管理组织架构、航空货运管理组织职责
12	航空货运管理中的质量控制	2	自定义知识单元：航空运输管理体系		航空货运范围管理、航空货运进度管理、航空货运质量管理
13	航空货运管理中的协调	2	自定义知识单元：航空运输管理体系		航空货运管理流程优化
14	航空货运管理中的新动向	2	自定义知识单元：航空运输管理体系		航空货运发展趋势
合计		32	3	0	18

（5）采购与库存控制（见附表 3–8）。

附表 3–8 采购与库存控制

序号	教学内容	学时分配	知识单元	知识点	
				标准知识点	自定义
1	采购管理概述	2	自定义知识单元：采购基础知识		采购的内涵、采购管理的内容、采购管理在企业中的地位
2	采购战略	2	自定义知识单元：采购战略		采购战略及构成要素、采购环境分析、采购与供应策略
3	采购模式	3	自定义知识单元：采购战略		采购模式比较

续表

序号	教学内容	学时分配	知识单元	知识点	
				标准知识点	自定义
4	采购计划	3	自定义知识单元：采购战略		采购需求与计划的编制、采购预算、采购计划的执行
5	供应商管理	3	自定义知识单元：采购策略优化		供应商选择
6	采购成本与定价	3	自定义知识单元：采购策略优化		采购成本分析、采购价格确认、采购质量管理
7	采购谈判和合同管理	4	自定义知识单元：采购策略优化		采购谈判原则及程序
8	采购风险的控制	3	自定义知识单元：采购策略优化		采购风险控制与转移
9	采购与库存的关系	3	自定义知识单元：采购策略优化		库存控制方法
合计		26	3	0	17

对航空物流模块五门主要课程知识点的梳理小结如下（见附表3-9）：

附表3-9　航空物流模块主要课程知识点

课程名称	知识单元数量	标准知识点	自定义知识点
电子商务物流管理	5	10	1
空港物流规划与运作	4	4	8
物流信息技术	4	17	1
航空货运管理	3（2个自定义单元）	0	18
采购与库存控制	3（3个自定义单元）	0	17
合计	19	31	45

通过对专业特色的核心课程知识点梳理可以发现：

1）基础课程设置全面覆盖物流管理（EC.ECM.LOG）知识单元中的核心知识点。对电子商务所涉及的物流基础知识有较为完整和全面的讲授。例如，《电子商务物流管理》、《物流信息技术》课程，作为电子商务专业的核心课程，涉及EC.ECM.LOG、EC.LIT.LIT中的所有知识单元，知识点覆盖完整。《电子商务物流管理》课程设置在第四学期开设，作为专业课程的基础，为后续航空物流特色发展奠定了良好的基础。《物流信息技术》在第七学期开设，是物流系统整体规划和设计的技术支撑。

2）特色课程在知识体系的基础上涉及了较多自定义知识单元和知识点。例如，《航空货运管理》、《空港物流规划与运作》、《采购与库存控制》涉及5个自定义知识单元、43个自定义知识点。由于知识体系的构架中主要针对普遍和通用性知识进行体系规划，因此这三门专业特色课程的授课内容均未在知识体系构架中有明确对应的知识点。这些自定义知识单元和知识点正是航空物流特色的体现。

6. 课程建设特色

本专业的课程体系，采用了“模块化”的课程设置方案，即工科平台课+航空类选修课+物流工程特色方向课+专业选修课，课程设置注重实际动手能力，采用了由实验教学、专业技能训练、基础课程设计、专业课程设计、毕业设计（论文）等构成的实践教学体系。通过双语教学等多种措施，使学生在大学四年中不间断外语和计算机学习，以进一步提高学生的外语和计算机应用能力（见附表3-10）。

附表3-10　专业课程分配

学期	工科平台课	航空类选修课	物流工程特色方向课	基础专业课程
1	高等数学1			
2	高等数学2、C语言			
3	概率与数理统计、微观经济学			数据库原理及应用、电子商务概论、会计学
4	线性代数、工程制图、电子电工基础		电子商务物流管理	Java语言程序设计、统计学原理
5	机械制造基础	航空服务营销	物流设施与设备、工业工程基础	管理信息系统概论、运筹学、电子商务网站建设与管理、供应链管理
6		空港物流规划与运作、中国航空经济、	系统建模与仿真、	生产与运作管理、计算机网络技术、专业英语、电子商务安全、电子商务系统分析与设计
7		航空货运管理概述、航空运营与管理	物流信息技术、	电子商务法、文献检索、网络营销、ERP

航空物流型电子商务课程体系依据其课程之间的联系，可以划分为以下课程组：

（1）电子商务基础知识课程组：电子商务概论、管理信息系统概论、电子商务系统分析与设计、电子商务网站建设与管理、电子商务安全、电子商务法、网络营销。

（2）物流基础课程组：电子商务物流管理、物流设施与设备、物流信息技术、系统建模与仿真、工业工程基础。

（3）航空特色课程组：空港物流规划与运作、航空货运管理概述、航空运营与管理、航空服务营销、中国航空经济。

电子商务基础知识模块是电子商务专业的基础课程，基本覆盖《知识体系》中的主要核心知识点及大部分可选知识点，是作为电子商务专业学习的奠基。

物流基础模块在电子商务基础知识的基础上进一步强化和丰富了物流知识。该模块在开设了《电子商务物流管理》基础课程的同时，加设了《物流设施与设备》和《物流信息技术》，构建了物流整体规划、物流信息系统分析与设计的全方位、立体化物流知识结构。

航空特色模块主要凸显学校的航空背景，并将航空背景与物流特色相结合。开设的《空港物流规划与运作》、《航空货运管理概述》及相关课程具有很强的前沿性、独特性。目前，正在组织相关教材的编写工作。

三、其他特色

课程建设需要一支以主讲教师负责的结构合理、人员稳定、教学水平高、教学效果好的教师梯队，而加强中、青年师资培养，提高青年教师教学水平和教学能力是延续教育事业和建设特色专业的根本保证。

教师培养的方式与措施主要包括：

1. 加强青年教师岗前培训

高校教师应当具备从事教育教学工作所必需的教学法规、教学心理学等方面的理论知识，因此青年教师从学校毕业后，课程组要求认真学习《高等教育法规概论》、《高等教育学》、《高等教育心理学》、《高等学校教师职业道德修养》、《教师法》，读好主讲课程教材和参考文献，参加相应的高等学校教师岗前培训班的培训，掌握多媒体课件的制作，加速青年教师从学生到教师的角色转换。

2. 多途径培养青年教师

（1）严把选留引进关是加强青年教师队伍建设的重要环节。本着政治思想表现好、学历层次高、学业成绩优的原则，择优引进人才。目前，本系教师均具备硕士以上学历层次。

（2）充分利用教学法活动时间集体备课，要求青年教师熟读教材、写好教案、认真研究教学法和教学内容、预讲预演，由督导组专家及课程组教师进行授课技巧和艺术的讲评。

（3）有计划地培养并提升青年教师的授课水平。组织教学比赛活动，给青年教师充分展示自我的机会。

（4）充分发挥老教师的传、帮、带作用。青年教师引进后，教研室派作风正派、治学严谨、学术水平高的教师作为指导教师，帮助青年教师尽快过好教学关、科研关。

3. 鼓励在职培养

在师资培训过程中，重视教师队伍整体素质的提高，采取定向、委培、在职等多种形式，培养硕士、博士研究生。有计划地安排在职教师分期分批外出进修学习，更新知识，提高业务水平和学历层次。同时，根据课程改革与发展的需要，安排教师外出参加专项进修或相关学术会议。

4. 强化外语学习

根据教育部的要求，教育要与国际接轨，有计划地安排中、青年教师用双语教学授课，首先，安排英语基础较好的教师强化英语学习；其次，培养博士生、硕士生，不同程度地全面开展双语教学。

四、主要成果

1. 理论成果

（1）论文。

1）戴爱明，李太杰，肖灵机. 基于网络计划技术的 ERP 实施进度控制研究. 中国管理信息化［J］. 2009（11）.

2）周玲元. 基于网格的网络化制造平台集成研究. 机电产品开发与创新［J］. 2009（7）.

3）Study on Information Integration for Product Development of Collaborative Design，2009 Chinese Control and Decision Conference，2009（6）.

4) Information System Evolution for Small Business, IEEE2009, 2009 (3).

(2) 课题。

1)《数据仓库在航空客户关系管理中的应用设计》，省教育厅科技项目，GJJ09179。

2)《城市物流协同配送网络构建及仿真优化研究——以南昌为例》，省教育厅科技项目，GJJ09485。

3)《开放环境下经济管理类写作实验教学模式研究》，南昌航空大学教改课题，JY0901。

4)《基于"完整实例引导"的电子商务系统分析设计与实现课程教学模式研究》，南昌航空大学教改课题，JY0903。

5)《面向企业的电子商务专业课程"1+N"学生团队式实践教学方法探讨与实证研究》，南昌航空大学教改课题，JY0906。

6)《基于项目驱动的信息管理类专业实践教学模式的研究与应用》，南昌航空大学教改课题，JY0908。

7)《航空类院校经济类专业特色化建设研究与实践》，南昌航空大学教改课题，ZB0929。

8)《电子商务专业创新实践模式的研究与探讨》，南昌航空大学教改课题，ZB0941。

(3) 教材。

1)《数据库原理实验指导》，南昌航空大学自编教材。

2)《C 语言程序设计实验指导》，南昌航空大学自编教材。

3)《管理信息系统实验指导》，南昌航空大学自编教材。

2. 实践成果

通过特色专业的建设，有效地激发了学生的学习积极性，促进了学生的实践能力。在一系列的比赛中获得了骄人成绩。

(1) 首届"创意创新创业"电子商务挑战赛全国二等奖。

(2) 第二届建行"E 路通"杯全国大学生网络创新应用大赛全国三等奖。

(3) 第二届建行"E 路通"杯全国大学生网络创新应用大赛江西赛区一等奖。

五、结论

我国现代物流发展正处于起步阶段，与先进国家相比尚有很大差距，但市场潜力和发展前景十分广阔。加快我国现代物流发展，对于优化资源配置，调整经济结构，改善投资环境，增强综合国力和企业竞争能力，提高经济运行质量与效益，实现可持续发展战略，推进我国经济体制与经济增长方式的根本性转变，具有非常重要而深远的意义。

南昌航空大学经济管理学院管理科学与工程系提出的基于电子商务专业知识体系建立的航空物流型电子商务特色专业建设，紧扣国家大力振兴物流业的时代背景，以电子商务为基础，致力于培养适应我国现代物流，特别是航空物流发展的专业复合型人才。航空物流型电子商务特色专业研究丰富了电子商务专业人才的特色化培养模式，为适应外贸、钢铁等行业的电子商务特色人才培养、特色专业建设提供参考和借鉴。

在航空物流型电子商务特色专业的研究过程中也发现了一些问题，如：

1. 师资队伍还需进一步加强

目前，电子商务专业教师队伍中高学历教师比例较低、电子商务专业方向的教师人数较少，大多数教师都是从其他专业转而从事电子商务教学。

2. 实验基地建设缺少相关支持

校内实验室建设缺少足够资金支持，在购买实验软件时常常受到资金限制，导致可选范围较小、购买到的软件不能满足实训要求的情况。

附录4 铁路物流型电子商务特色专业研究

华东交通大学

赵 珑 黄 辉 李 山 况志军 李 剑

一、面向铁路物流领域的电子商务特色专业建设的概况

随着网络的迅猛发展和网民数量的剧增，新兴的电子商务行业得到强势的支持与发展。根据艾瑞咨询最新统计数据，2010年中国电子商务市场整体交易规模达到4.8万亿元，同比增长33.5%。预计未来3~5年内，中国电子商务市场仍将维持持续稳定的增长态势，同比增速稳中有升，2013年有望突破10万亿元。巨大的电子商务市场的形成，使得社会对电子商务人才的需求日趋迫切，专家预测，未来10年，我国电子商务人才缺口将达到200多万。然而，与此形成鲜明对比的是，目前电子商务专业的毕业生面临越来越尴尬的就业问题。电子商务毕业生普遍无法直接上岗，就业率不足50%，远远低于普通高校其他专业86%的就业率。如何能够培养满足市场需求的电子商务人才，是值得我们思考的问题。

电子商务作为一个新兴专业，在我国发展历史并不长。国家教育部于2000年开始批准在全国部分高校中试开设电子商务专业，2001年3月教育部高教司正式批准浙江大学等13所院校首批试办电子商务专业。华东交通大学于2002年增设电子商务专业，2003年开始招生。作为一个新兴专业，如何找到一条既适合华中交通大学办学特色又能适应社会需求的电子商务专业建设途径，我们一直在不断探索。近年来我们组织教师分别到中国人民大学、中央财经大学、北京交通大学等高校就电子商务专业建设有关问题进行了专题调研，然后经过反复讨论，根据华中交通大学具有的铁路系统背景，确定了专业建设目标：专业建设的理念上遵循实用性、现代性、前瞻性；人才培养模式与人才培养方案上突出学生实践能力和创新能力的培养；最终培养出的人才不仅具有良好的理论素养，更重要的是要有实践动手能力。专业特色上，我们强调信息技术与铁路货运物流相结合，依托华中交通大学在铁路货运物流上的资源优势，培养面向铁路货运物流领域的电子商务人才。

为此，我们制定了工作目标：首先，调整与修改培养方案，进行专业定位，对专业培养目标、培养模式、教学方案、教学内容和课程体系等进行改革与重新设计；其次，全面建设、重点突破，尤其是在师资队伍建设、教学改革等方面要有新举措、新成果；最后，不断完善，加强实习基地、实验室建设，在实验、实践教学等方面取得了较大成效。

二、面向铁路物流领域的电子商务特色专业建设的内容

1. 面向铁路物流领域的电子商务专业特色

电子商务的发展与物流息息相关。物流是企业第三利润源泉，如今它已经成为提高电子商务企业竞争能力的核心环节。铁路物流（Railway Logistics）是依托铁路的点、线集合，发挥基础设施和生产运营两个层面的网络经济特征，联结供给主体和需求主体，根据铁路资源配置和优化条件，将运输、储存、装卸、搬运、包装、流通加工、配送、信息处理等功能有机结合，是物品从供应地向接受地实体流动的计划、实施与控制的过程。随着我国铁路网络建设的日益成熟，铁路物流已成为我国最主要的物流形态。由于华东交通大学原隶属铁道部，具有很深的铁路背景，所以在特色专业建设上，强调信息技术与铁路货运物流相结合，依托华东交通大学在铁路货运物流上的资源优势，选择面向铁路物流作为特色专业方向。经过多年来的建设，面向铁路物流领域的电子商务特色专业已经初显成效，呈现出以下特色：

（1）强调理论与实践相结合，学生有很强的知识应用能力和实际操作能力。

（2）建立了与铁路系统相关部门的合作机制，专业特色突出，拓宽了学生的就业渠道。

（3）课程体系建设既符合现代电子商务专业教学要求，又体现了铁路物流的专业特色，配合了特色人才培养目标的实现。

（4）实习基地的建立为高质量人才的建设提供了保证。

（5）在特色专业建设上注意循序渐进，找寻符合事务发展规律的发展方式，与时俱进，不断调整建设方案及课程体系。

2. 构建与铁路货运物流相结合的富有特色电子商务专业人才培养模式

在专业建设的过程中，确定了“依托华东交通大学优势资源，以电子商

务专业特色为导向，强化信息技术与铁路货运物流相结合，抓实际应用能力和创新能力的培养”的专业建设基本思路，并按照这一思路构建具有华东交通大学特色，同时又适应社会需求的人才培养模式和培养方案。

本专业培养方案强调要建立适应网络经济发展需要，有开拓创新精神，系统掌握并能综合运用现代企业管理的基础理论和方法，熟练应用信息技术和物流管理技术，能在与电子商务相关的政府各类管理机构、网络企业、传统产业中的各类企业，特别是铁路货运单位从事企业经营管理、电子商务运作、物流管理、企业电子商务解决方案的规划、评估咨询及电子商务系统开发的高层次复合型人才。在人才培养方案定位上结合了华东交通大学的性质与学科特点，将电子商务专业的特色确定为培养面向铁路货运物流领域的电子商务人才。根据这一培养目标，不断调整教学计划，在电子商务专业人才的培养中注重以下几个方面：

（1）注重实践能力的培养，增强学生的动手能力和实践创新能力。

（2）重视经济、管理等方面知识的学习。为学生的专业发展打下宽厚的经济学和管理学基础。

（3）重视信息技术应用能力培养，使本专业学生具有较强的电子商务系统设计和开发能力。

（4）重视物流和铁路货运组织管理知识的学习，适应铁路物流组织工作的需要。

（5）注重学生对社会环境的理解力、洞察力和创新能力的培养。

3. 适应发展需求，加强师资队伍建设

人才是学科发展的根本保证。在人才培养上坚持“内外结合”的模式，大力从外部引进高质量人才，同时在内部鼓励优秀青年教师攻读博士学位或去国外学习。通过外部引进和内部培养，改变目前电子商务专业师资力量较为薄弱的状况，建立起一支在知识结构、年龄结构、学历结构及职称结构等方面均比较合理的师资队伍。

目前，本专业教师共有 15 人。从职称结构上看，有教授 4 人，副教授 3 人，讲师 8 人，持高级职称人员近 50%。从学历结构上看，具有博士学位或在读博士 9 人，硕士学位 6 人，硕士以上学历占 100%，博士以上学历占 60%。从年龄结构上看，40~50 岁 2 人，30~40 岁 11 人，30 岁以下 2 人。从整体看，呈现年轻化、高学历化特征，发展后劲足、潜力大。

4. 适应特色专业建设要求，改革课程体系

为了突出专业特色，建立了以信息技术和铁路货运物流为特色的课程体系。几年来，按照特色专业建设目标，对课程体系进行了不断调整。先后加入了以下课程和实践环节：电子商务综合应用、铁路货运组织、物流信息技术、XML 技术、电子商务物流与供应链管理、现代物流概论、物流网络规划、移动商务技术和物流认知实习等。从而建立了“经济管理 + 信息技术 + 铁路物流”的知识架构模型，培养学生的信息技术应用能力、铁路物流组织能力和网络经济运作能力，并突出于其交叉点，培养适用于铁路物流信息化建设与物流电子商务的专业人才。

5. 为了适应现代社会的需求，在教学方法和教学手段上不断寻求变革

现代社会对学生知识应用能力和创新能力要求越来越高，所以如果还是采用原来的教学方式肯定难以适应社会要求。在教学方法上我们不断追求变革，通过开展案例教学、辩论式教学、启发式教学，强化对理论知识的理解和运用。在专业课中对学生进行全方位的实践训练，利用多媒体技术、网络技术等现代教育、教学手段构建立体化教学系统，将课堂教学、实践教学和第二课堂活动有机结合，训练学生分析问题、解决问题的能力，提高学生的创新能力。

在专业特色建设过程中，非常重视教学改革的不断实施，对教学方式、教学方法和考核方式等诸多方面都进行了改革创新，取得了许多效果。特别是针对电子商务专业实践性强的特点，在教学计划中分层次立体式对学生进行实践技能的训练。首先，加强了实验课的比例，进行认知性、验证性和操作性的实验，拓展和深化课堂理论教学的内容。其次，专门安排了一门纯实验课程“电子商务综合应用”和一门案例分析课程“电子商务案例分析”。再次，通过对专业实习、毕业实习的严格管理和指导，使实习能达到预期目标。特别是利用在铁路局建立的实习基地，提高学生对铁路货运物流组织工作的了解，强化专业知识的综合运用。最后，鼓励和指导学生参加第二课堂活动，通过丰富多彩的第二课堂活动加深学生对社会的理解和认识，提高学生的实践意识和团结协作精神。

6. 加强电子商务实验室的建设

电子商务实验室是电子商务课程实践教学的基地。加强电子商务实验室建设对于提高学生对电子商务应用和基本业务流程的理解，掌握企业信息管理系统和电子商务系统的基本应用规律和操作技能，加深对课程基本理论的

理解、培养学生的实际应用能力具有非常重要的意义。充分利用电子商务实验室的设施，建设开放式的电子商务教学与实验管理平台，可以提高电子商务的教学质量和教学效果。

可见，加强以能力培养为核心的电子商务实验室建设，不断推进电子商务实验教学改革与发展，可以真正符合瞬息发展的社会要求。经过几年的建设，华东交通大学电子商务实验室建设已经初见成效，目前实验室已经能提供电子商务应用软件、电子商务平台开发软件、物流与供应链管理软件、金蝶 ERP 软件等，功能齐备。在实验室建设中，还抓住华东交通大学获得中央与地方共建高等学校共建专项资金建设物流实验室契机，利用该实验室资源，突出专业培养特色。

7. 走出校园，积极寻求与企业合作的机会，加大实习基点建设

为了给学生提供更多的实践机会，通过与南昌铁路局合作，建设了物流与电子商务实习基地。这样可以组织学生到铁路上实地进行实践和实习活动，强化理论联系实际环节，增强学生的实践适应性。在现有实习基地的基础上，还进一步加强校企合作，使学生经常有机会走出去，提高学生的实际操作能力与社会适应能力。目前，已经与南昌铁路局、金蝶软件、中智软件、江西网联数码等单位签订了实习基地协议，组织学生到这些企业进行实践和实习活动，取得了较好效果。通过与企业间的合作，不仅为我们提供了学生实习场所，能让学生学以致用，而且大大拓宽了学生的就业渠道，同时还有益于加强教师把握时代需求的能力，能够跟上时代的步伐，不断更新自己的知识结构。

三、其他特色

1. 充分利用网络教学环境及资源为教学服务

电子商务专业学生由于所学专业原因，个人都有电脑且寝室都布有网络，这就为我们利用网络资源拓宽教学渠道提供了条件。我们建立精品课程网站和网络课堂，提供大量网上学习资源，并将实验室电子商务相关软件全部挂到网上，大大提高了教学效果和学生的学习热情。

2. 加强与其他专业合作，实现师资共享，探索电子商务人才培养新途径

本专业应用面非常广，学生的兴趣爱好也各不相同，所以在突出专业特色建设的同时，也要注意与其他专业合作。目前，我们已实现与信息管理专业、计算机专业、会计专业、物流管理专业、统计专业与金融专业合作，专业合作上实现师资共享，学生可通过任选课来选择自己感兴趣的就业方向，从而扩大学生的就业面，强化复合型人才培养。

3. 师资培养方面注重走出去与引进来相结合

先后派出多名教师参加全国或地方的教师培训或学术交流活动，并积极开展学术交流活动，请知名专家来作讲座。通过各种活动，鼓励教师参加课程教学研究与改革，丰富教学经验；同时还通过集体备课、教研室集体协助、相互听课、独立说课等形式，引导青年教师提高教学业务水平。

四、主要成果

近年来，华东交通大学取得了一系列的教学成果和科研成果。在教学方面，《电子商务概论》、《管理信息系统》等课程先后获省多媒体优秀课件奖和校级精品课程。另外，在各类学术刊物上发表教学论文 9 篇，同时《电子商务概论》与《电子商务实验》教材编写工作正有条不紊地进行。在科研方面，倪明教师课题《用供需网（SDN）推进欠发达地区企业实施逆向物流及其支持系统研究》于 2009 年度获得国家自然科学基金立项。有关成果如下：

（1）赵伟：华东交通大学第二届“双基”软件设计大赛一等奖，2008 年。

（2）赵伟、谢宗武、熊凤辉等（指导教师：李山）：华东交通大学第二届“双基”软件设计大赛团队特等奖，2008 年。

（3）邵小伟、宋玉、徐必娟等（指导教师：况志军）：“用友杯”第六届全国大学生创业设计暨沙盘模拟经营大赛江西赛区决赛总决赛冠军，全国优胜奖。

（4）陈德清、官韬、梁晓萍等（指导教师：李山）：“用友杯”第五届全国大学生创业设计暨沙盘模拟经营大赛江西赛区决赛总决赛冠军，全国三等奖。

（5）李山：《管理信息系统》课件，江西省多媒体课件大赛三等奖，2009 年。

（6）况志军：《南昌阳华公司发展电子商务的研究与对策》，2007 年。

（7）赵珑：《高校电子商务模式的创新》，《华东交通大学学报》，2005 年。

五、结论

华东交通大学电子商务专业至2003年建立以来，经历了发展初期的迷茫过程。经过调查研究和初步的探索，我们决定选择铁路物流领域作为华东交通大学电子商务专业的特色方向。经过多年不懈的努力，华东交通大学电子商务特色专业建设效果已经初显。几年来，我们建立了与铁路货运物流相结合的富有特色的电子商务专业人才培养模式；通过不断进行课程体系的改革，我们一直在努力适应特色专业的需求和社会的发展，而实验室与实习基地的建设更是为我们的特色专业建设提供了腾飞的翅膀。如今，华东交通大学电子商务专业特色明显，面向铁路物流已经成为我们的名片。当然，我们也深知特色专业建设的路还很长，在许多方面我们还需要不断努力。

参考文献

[1] 倪海蓉. 基于市场导向的现代电子商务教学框架的构建 [J]. 成才之路，2010 (3).

[2] 赵珑. 关于电子商务课程实践教学环节安排的几点思考 [J]. 华东交通大学学报，2010 (6).

[3] 朱世展. 电子商务本科专业学科体系建设的思考 [J]. 技术经济与管理研究，2006 (1).

[4] 齐景嘉. 电子商务专业培养目标与课程结构体系的研究及实验 [J]. 哈尔滨商业大学学报（社会科学版），2005 (5).

[5] 马强. 高校电子商务本科专业教育模式研究 [J]. 新西部（下半月），2009 (2).

附录5 商科院校电子商务特色专业研究

九江学院

李再跃 代红梅 熊 焘 俞林军 王 晴

一、商科院校电子商务特色专业建设研究概况

1. 研究背景

本课题是普通高等学校电子商务专业知识体系江西省创新实验区项目中的子课题，九江学院商学院作为创新实验区试点院校之一，面对电子商务的快速发展，提高电子商务专业人才培养质量，满足社会的专业人才需求是当前我们的首要任务。经过我们多年对电子商务毕业生的跟踪调查及用人单位的反馈信息，我们了解到电子商务专业培养方案中还存在某些与实践结合不紧密的地方，如工作经验不够、时间实训内容的安排和现实有一定距离等。因此，我们不断地摸索新的人才培养模式，希望能够把最先进的实用课程纳入培养模式中，建立科学合理的课程体系和专业知识结构。正是在这种情况下我们提出了商科院校特色电子商务专业建设。

2. 研究的意义

（1）理论意义。随着电子商务的迅猛发展，社会对电子商务人才的要求越来越高，特别是对于实践操作能力等方面。在电子商务知识体系模块技能结构等方面，国内许多学者进行了深入的研究，但在紧密结合各个高校的具体情况来优化培养方案等方面有待创新。本课题的研究有助于理论上探索总结电子商务专业知识体系和特色电子商务专业人才培养模式，探索商科院校特色电子商务专业建设问题。

（2）实际意义。

1）通过课题研究解决电子商务人才培养和现实脱节问题。

2）构建一套适合商科类院校电子商务专业人才培养方案和课程体系。

3）解决原有教学计划老化问题，解决学生缺乏实践操作经验和动手能力问题。

4）本课题在研究过程中，会及时总结成功的经验，探索电子商务专业人才培养的新模式，和兄弟院校交流和共享。

3. 理论依据

电子商务正在给世界贸易格局和经济增长方式带来巨大的变革，已经成为21世纪主要的经贸方式之一。电子商务的进一步深入发展需要大批量高层次的复合型专业人才。教育部高等学校电子商务专业教学指导委员会根据目前已有的300多所高校开展电子商务本科专业人才培养的现状，按照教育部“高等学校本科教学质量与教学改革工程”的要求，组织专家在大量调研和前期工作成果基础上编制了本科专业知识体系（试行版）。《普通高等学校电子商务本科专业知识体系》完整地介绍了知识体系的专业建设需求、基本定义、总体框架、实践要求、与课程体系的关系、在专业评估中的作用以及内容分类描述等。作为普通高校电子商务本科专业标准的一个基础，知识体系的实施将对各高校电子商务专业的规范化建设起到积极的作用。

电子商务专业需要在办学理念、人才培养模式、专业教学内容及教学手段方面具有显著特色，推进教学改革、强化实践教学，促进高等学校人才培养工作与社会需求的紧密联系，形成有效的专业建设机制，满足国家经济社会发展对多样化、多类型和紧缺型人才的需求。

（1）学术文献。众多学术文献阐述了电子商务的人才培养、课程体系、特色专业、教学方法和实践性教学等内容。其中，《电子商务专业的人才培养与课程体系建设研究》以就业为导向，分析目前我国电子商务人才需求现状，对电子商务专业建设尤其是课程体系建设展开研究，提出了既能解决课程设置矛盾，又符合现代企业人才需求的解决方案。《电子商务专业的人才培养模式与学科知识体系的研究》介绍了目前我国电子商务专业教育的发展情况，然后从国内电子商务人才需求与高校电子商务人才培养之间的矛盾入手，分析了我国目前电子商务人才培养所存在的问题及其原因，提出了解决的思路和策略，提出了一种新型的多元化培养模式，介绍了基于这种培养模式的电子商务专业学科知识体系。《新建地方本科院校电子商务专业特色建设的探讨》在分析国内外电子商务专业建设状况基础上，提出电子商务专业定位应面向地方培养应用型人才，确立国际贸易与电子商务创新结合的专业特色，同时分析了人才创新能力培养方法。陈月波的《高职电子商务专业课程体系与专业定位研究》从社会与行业背景出发，分析了电子商务特点与电子商务人才的层次特性，并对普通高校电子商务专业课程体系、专业定位与高职电子商务专业进行了比较，提出高职电子商务专业人才培养应定位于“技术型”、“营销型”、“交易型”的电子商务人才，课程设置上突出“网站”、“营销”、“物流”和“国贸”四个方向。

2009年8月，浙江大学陈德人教授发布了《电子商务专业知识体系建设与推广阶段总结》报告。陈德人教授指出，在课程体系与知识体系的对应方面，知识模块、知识单元以及所对应的课程衔接上取得了长足发展。而在自定义知识模块和知识单元方面，各高校也普遍采用“与实际相结合，突出专业特色”的方法来谋划专业建设，并且充分融入实验与实践设计，透过常规实验与独立型实验这种点面结合的交叉互动，来推进教学实践的不断深化。

（2）国家政策。根据我国的发展规划，2000~2010年为电子商务打基础阶段，信息化包括电子商务应用水平与国外差距从10~15年缩短到5~6年，达到国外中等发达国家21世纪初的水平；2011~2025年为电子商务推广普及阶段，大大缩短与发达国家的差距，2025年沿海地区接近国外中等发达国家水平；2026~2050年为电子商务高速发展阶段，2050年中国电子商务达到国外中等发达国家水平，沿海地区能与国外发达国家同步发展。

企业信息化、电子商务的发展，需要大批的电子商务人才。正是在这样一种环境下，2005年，国务院办公厅发出了第2号文件《关于加快我国电子商务发展的若干意见》，在2006年12月教育部就启动了《普通高等学校电子商务本科专业知识体系》的推进工作，并于2008年4月正式出版。与此同时，我国“十一五”期间将择优重点建设3000个左右的特色专业建设点，教育部和财政部要求项目承担高校要重视特色专业点建设，加强课程体系和教材建设，改革人才培养方案，强化实践教学，加强教师队伍建设，紧密结合国家、区域经济社会发展需要推进专业建设。2008年10月，教育部高等学校电子商务专业教学指导委员会会议确定江西省为“普通高等学校电子商务专业知识体系”全国第一个试点省。

在国家教育部的大力推行以及国内电子商务迅猛发展的双重态势下，高校的电子商务专业建设表现出勃勃生机，但机遇中也凸显出定位不明、层次局限等诸多问题。于是，适时总结电子商务发展的经验，深化专业改革方案，完善电子商务专业知识体系建设与推广就显得尤为重要。因此，高等学校应进一步加强学科专业建设，在专业设置上应结合市场的需要，突出自身的特色，要集中优势资源办特色专业。

4. 课题研究的目标

本课题研究的主要目标：

（1）在电子商务专业知识体系下进一步完善商科类电子商务专业教学计划，探索新时期商科类院校电子商务专业特色的课程体系。

（2）探索具有科学特色的商科类电子商务专业人才培养方案，使人才培养完全符合社会需求，形成特色电子商务专业人才培养模式。

（3）在现代教学理论的指导下，充分发挥教师的主导作用和学生的主体作用，突破传统的教学方式，探索研究学生的学习兴趣和学习方式，探索产学研教学模式。

（4）依托实践和实训基地平台，探索研究一条提高电子商务专业动手操作能力的新路子。

二、商科院校电子商务特色专业建设研究的主要内容

本课题依托电子商务专业知识体系江西省创新实验区项目的相关研究成果，着重于研究商科类院校电子商务特色专业的建设。电子商务专业是一个新的应用型专业，如何提高电子商务专业的人才培养质量，使培养的人才满足社会需要，必须首先解决人才培养方案问题。我们应该以市场需求为原则，以提高人才培养质量为目的，制订出科学的教学计划，设计出合理的课程体系，并探索研究一条产学研紧密结合的教学模式。

1. 培养目标研究

我们对照国家教指委编制的《普通高等学校电子商务本科专业知识体系》，进行了认真的研究，认识到商科类院校电子商务专业的培养目标重点落实在商务活动上。由于电子商务是运用计算机网络等手段进行的经济活动，它不仅涉及电子技术本身，而且涉及诸如商务管理运作、金融、税务、教育等其他社会层面。因此，我们把培养目标定位为：熟练掌握现代信息技术，熟练掌握利用电子商务活动的方法和策略，具有商务信息的收集与整理、规划设计网络营销实施方案的能力，能从事网络环境中企事业单位和社会的商务活动、商务管理和商务技术支持等现代化商务实践、研究和教学工作的高级复合型、专门化人才。

2. 产学研教学模式研究

产学研教学模式是指科研、教学和生产部门在功能与资源上的整合与集

成，是生产力要素的优化组合。“产”、“研”结合已很明确，且功效显著，其中，“学”与“产”、“学”与“研”的结合包括教师“教”与“产”、“教”与“研”的结合；学生“学”与“产”、“学”与“研”、“研”与“产”的结合五个方面。产学研教学模式的关键是上述五个方面的紧密结合，忽略任何一个方面都不行，因此学生、高校和企业三者紧密结合，制定合理的培养方案。

（1）课程实验。课程实验教学是整个课堂教学过程中的重要组成部分，通过验证型、综合型和设计型等多种实验形式的开设，对课堂教学内容的理解和消化起到了很好的辅助作用，又可以培养学生的基本操作能力和思维能力，所以课程实验可以说是其他实践教学环节的基础。电子商务专业的课程实验比较丰富，我们对涉及的每门专业课程制定了实验教学大纲，并编制了实验指导手册，课程学时占总课程的30%左右，实验类型除以验证型为基础外，每门课程有针对性地开设1~2个设计型实验；实验项目在总结已有实验和科研项目研究的基础上，力求与企业电子商务实践相结合。

（2）企业实习实训。这个环节是产学研教学模式的重点，许多学校由于实习基地的限制不能很好地开展。此环节通过学生与企业的零距离接触，使学生更直观地了解企业现状及自身发展应具备的素质和能力，更利于培养满足社会需要的专业人才。我们的做法是分成两个环节，其一是在实习基地实习，在老师的指导下有步骤地进行，让学生有目的地参与企业的一部分商务活动。此外，也组织学生参加一些社会调查活动，积极参加一些有组织的竞赛活动等，如中国建设银行举办的E路通竞赛活动、物流设计大赛等。其二是学生在最后一个学期联系企业实习，实习时间长，效果较好，需要指导老师跟踪指导，不懂的地方和指导老师联系，实习完成后返回学校，要求提交实习日记和实习总结报告。

（3）毕业设计。把毕业设计安排在最后一个学期，差不多和企业实习同步进行。由指导教师根据本人的科研项目或学生感兴趣的行业选题，也可以紧密联系未来的就业企业类型提出毕业设计（研究）题目，学生根据自己的实际情况选题，并经过指导教师同意确定最后的设计（研究）题目。学生可以充分利用在企业实习的机会对课题进行深入的调研，了解企业的实际运作，在指导老师的指导下有步骤、有目的地进行毕业设计。

3. 教学计划研究

高等学校的专业是根据社会专业分工需要所分成的学业门类，各专业都有独立的教学计划，以体现本专业的培养目标和规格。教学计划的核心应是

该专业的核心课程。每一个学科、每一个专业，其存在的前提是它具有不同于其他学科或专业、能体现本学科或专业的核心课程体系。这一核心课程体系也是实现该学科或专业培养目标、构建学生完备知识结构的最基础和最核心的部分。电子商务专业的教学计划同样应该与上述要求吻合。2002 年 4 月，中国高等院校电子商务专业教学指导委员会（高校电子商务专业建设协作组）在西安交通大学召开的一次会议上提出了电子商务专业的 10 门专业必修课程，各个不同类型的学校可以适当选取 6 门以上的课程作为核心课程，基本上为许多高校所认同采用，这一核心课程体系基本符合我国高校的实际和社会对电子商务专门人才的知识和能力要求，是比较科学合理的。10 选 6 的模式也符合开办电子商务本科专业的各高校的不同办学背景和特色。但随着时代的发展变化，电子商务的迅猛发展，社会对电子商务人才提出了更高的要求。正是在这样一种环境下，2005 年国务院办公厅发出了第 2 号文件《关于加快我国电子商务发展的若干意见》，在 2006 年 12 月教育部就启动了《普通高等学校电子商务本科专业知识体系》的推进工作，并于 2008 年 4 月正式出版。电子商务专业知识体系组成了完整的知识框架，为各个高校制定和修改教学计划指明了方向，也提出了具体的要求。但其毕竟只是从宏观的层面上对教学计划的编排提出指导性意见。各个高校应当在核心课程体系下结合本校的培养目标确定相应的核心课程，用以体现该专业最主要的、完备的知识与能力结构。商科类院校电子商务专业特色是商务管理，应属于电子商务管理知识领域，选择的核心课程体系是商务管理方面，再结合培养目标特色，有意识地加重特色课程的教学时数。

4. 知识体系研究

电子商务专业知识体系建设经历了坎坷和波折，在教育部教学指导委员会统一安排和部署下，2006 年 12 月教育部就启动了《普通高等学校电子商务本科专业知识体系》的推进工作，并于 2008 年 4 月正式出版。该征求意见稿的基本思想是将电子商务专业知识体系框架分为知识体系，给出了电子商务专业的整体知识框架及其结构，是电子商务专业学科所需核心知识的汇集。电子商务专业知识体系依据专业学科分类和知识内容分解形成知识领域、知识模块、知识单元和知识点四个层次的树状结构分布，电子商务专业知识体系组成了完整的知识框架，为各个高校对电子商务专业知识体系的准确理解和把握提供了参照物，基本上达成了共识。对于商科类院校而言，电子商务是一种基于网络交易的经济活动，与其交易经济活动有关的相关知识是构成其学科知识体系的基础，因此管理学、网络经济学、电子商务管理等属于该学科知识体系的基础。电子商务必然是在网上的商务活动，学生应掌握网络环境下的一些技术方面的基本知识，重在应用，而不是构建和开发。因此，技术类的课程应作为该专业的基础，而这些课程的设置要因学校各专业的特色不同而有所差异，有些可深，有些可浅，其中关键要突出办学的差异和特色，而且重在应用和操作。

5. 课程体系构建

宏观上，电子商务是指运用计算机网络等电子手段进行经济活动。它不仅涉及电子技术本身，而且涉及诸如金融、税务、教育等其他社会层面。从企业实践层面上看，是企业和个人利用网络和先进的数字化传媒技术进行的商业贸易活动。电子商务的组成部分包括计算机网络、电子商务用户、认证中心、配送中心、网上银行以及管理机构。很明显，电子商务学科的发展受到了多种学科的交叉影响。电子商务学科体系建构在计算机技术、管理学和经济学的基础上，是一个典型的跨学科的专业，具有强烈的综合性和横断性。从电子商务开办开始，专家学者就开始激烈地探讨专业课程体系，比较难以达成共识，于是出现了全国高校电子商务专业建设协作组以确定电子商务专业核心课程为基础的指导思想，在这个思想的指导下确定了 14 门核心课程（10 门专业必修课），其中 6~8 门为必修课程，达成了基本一致的建设指导思路。在 2003 年取得了一定程度上的共识，于是各出版社推出了一系列教材，其中重庆大学出版社出了一套 17 本完整的教材。

在 2006 年教育部教学指导委员会成立之前，以三大学科为基础的教材体系供各校根据自身特点来选择，其选用课程的知识体系框架在各高校的电子商务教学中成为主流模式。这解决了全国高校电子商务专业教学课程体系的设置问题，但同时也带来了各校课程体系难以规范和统一的问题，这种混乱必然给教学管理造成难以评估、检查及如何提高教学质量的新问题。在教育部教学指导委员会统一安排和部署下，2006 年 12 月教育部就启动了《普通高等学校电子商务本科专业知识体系》的推进工作，为电子商务专业课程体系的构建打下了坚实的基础，基本上统一了意见。电子商务开始由概念的讨论上升到探求理性的发展，课程体系的构建有了大的框架，各个高校有更多的时间用于课程建设。由于电子商务课程本身具有较强的操作性和实践性，在课程体系构建中多考虑学校特色，增加培养学生的实践操作能力的内容。主干课程的设计要有特色，但不能偏离教学指导委员会规定的指导性意见。正

如前浙江大学校长潘云鹤院士所说，主干课程应该包括能够体现信息技术、商务管理和网络经济三方面扎实基础的核心课程和培养学生系统应用能力和创新能力的专业课程、与国民经济和社会发展同步甚至更具有前瞻性的前沿讲座课程三个方面。

三、课题研究的主要过程

1. 研究步骤

本课题研究历时两年，2008 年 9 月开题，2010 年 4 月结题，分四个阶段：

（1）前期调研。2008 年 9 月~2009 年 1 月，从用人单位人才需求状况到电子商务专业学生的知识能力等方面进行调研。

（2）理论分析研究阶段。2009 年 1 月~2009 年 4 月，按照社会要求设计商科类院校电子商务方面的培养方案，精心设计课程体系，制订科学合理的教学计划。

（3）具体实施阶段。2009 年 4 月~2010 年 3 月，形成完整的电子商务人才培养方案，精心设计各科教学大纲、试验实践大纲、试验指导手册等，在本专业中实施，并跟踪检验反馈。

（4）总结评价阶段。2010 年 2 月~2010 年 4 月，对课题的具体实施进行总结，完成结题报告。

2. 研究的过程

我们从 2008 年 9 月开始组织老师先期的调研工作，在前期我们有一定的研究基础，开展过三项省级教改课题研究，分别是李再跃副教授主持完成的江西省教改课题“网络资源和电子商务教学研究”，郑孝庭副教授主持完成的省级教改课题“电子商务实验实践教学研究”，代红梅老师主持完成的“全面质量管理在《电子商务概论》课程教学中的应用研究”。调研主要从用人单位人才需求状况到电子商务专业学生的知识能力等方面进行开展。我们组织老师分别到浙江义乌、杭州、深圳、湖南长沙及本地等企业走访，并听取了一线企业员工对电子商务专业人才的看法和要求。在学生中多次组织学生的座谈会，认真听取他们对课程设计、电子商务课程教学等方面的意见和建议。获得了许多宝贵的一手资料，另外组织力量利用互联网进行文献调研、参加学术研讨会等，对电子商务的最新发展和发展趋势等方面进行了深入的了解。从 2009 年 1 月开始，学校要进行教学计划的修订工作，我们趁机和课题研究紧密结合，着手利用已有的调研成果认真制定科学的培养方案，在教育部教学指导委员会《普通高等学校电子商务本科专业知识体系》的指导下，紧密结合学校的办学特色和资源优势，选择了网络营销和电子商务物流管理两个专业方向，精心设计课程体系，制订出较科学的教学计划，精心设计各科教学大纲、实验实践大纲、实验指导手册等，2009 年 4 月基本完成任务。在本专业中实施，并跟踪检验反馈。2010 年 2 月开始，我们开始对研究成果进行总结，并开始着手写结题报告。

四、课题主要研究成果

课题的研究在江西师范大学孙德林老师的指导下如期进行，并取得了一定的成绩，分理论成果和实践成果两部分，现总结如下：

1. 理论成果

（1）论文。

1）代红梅. 电子商务概论课程的教学与实践探索［J］. 现代企业教育，2008（3）.

2）代红梅. 试论电子商务概论课程的教学全面质量管理［J］. 中国科技信息，2008（2）.

3）李再跃. The Research of Optimization of Logistics Distribution System Based on B2C E-commerce［J］. 2008 年第 7 届武汉国际电子商务会议论文.

4）洪家祥，李再跃. 江西省旅游服务贸易竞争力的国内比较研究［J］. 中国经贸导刊，2009（23）.

5）代红梅，吴登丰. 浅析电子商务环境下现代物流业的网络化创新［J］. 中国商贸，2010（1）.

6）戴卓，代红梅. 基于因子和聚类分析的个人网上银行顾客满意度研究［J］. 生产力研究，2010（2）.

7）Dai Hongmei，Ding Zhihua. Research on Dynamic HRM System under Network Economic Age［J］. Conference Proceedings of 2009 International Forum of Human Resource Strategy and Development. 2009（9）.

8）艾华丽. 应用程序虚拟化在机房管理中的应用［J］. 经营管理者，2009（11）.

9）艾华丽. 对电子商务专业培养创业型人才的思考［J］. 经营管理者，

2009 (7).

10) 艾华丽，俞林军. 电子商务网站建设课程探讨 [J]. 科教文汇，2008 (12).

11) 王晴. 论电子商务形势下物流的新变化 [J]. 今日财富，2010 (7).

12) 王晴，张敏. 谈谈实践教学对培养学生创新意识的意义——以电子商务专业为导向 [J]. 新一代，2009.

13) 王晴. 关于推进高校校园数字信息化建设的意义 [J]. 决策与信息，2010 (3).

14) 熊焘. 浅谈我国电子商务的发展趋势 [J]. 科学决策，2008 (7).

(2) 实验大纲和指导手册。

编写了课程实验大纲和实验指导手册，分别是：

1) 电子商务实验大纲和实验指导手册。

2) 广告原理与网络广告实验大纲和实验指导手册。

3) 网页设计实验大纲和实验指导手册。

4) 网络营销实验大纲和实验指导手册。

5) 电子商务网站建设实验大纲和实验指导手册。

6) 电子商务技术基础实验大纲和实验指导手册。

7) 网上市场调查实验大纲和实验指导手册。

(3) 建设了义乌创业实习基地。

(4) 建设师生互动的教学网站：www.haohanpo.cn。

2. 实践成果

(1) 获奖。

1) 于昕彤（指导教师：代红梅）："E 路通"杯第二届全国大学生网络商务创新大赛，单项一等奖，中国互联网协会，2009 年。

2) 于洋（指导教师：熊焘）："E 路通"杯第三届全国大学生网络商务创新大赛，单项二等奖，中国互联网协会，2009 年。

3) 涂龙敬（指导教师：代红梅）："E 路通"杯第三届全国大学生网络商务创新大赛，综合一等奖，中国互联网协会，2010 年。

4) 郑海飞（指导教师：熊焘）："E 路通"杯第三届全国大学生网络商务创新大赛，单项一等奖，中国互联网协会，2010 年。

5) 常永浩（指导教师：陈英慧）："E 路通"杯第三届全国大学生网络商务创新大赛，综合二等奖，中国互联网协会，2010 年。

6）邱小蒙（指导教师：王晴）："E 路通"杯第三届全国大学生网络商务创新大赛，江西省二等奖，江西省教育厅，2010 年。

7）毛艳芳（指导教师：王晴）："E 路通"杯第三届全国大学生网络商务创新大赛，江西二等奖，江西省教育厅，2010 年。

8）代红梅："E 路通"杯第二届全国大学生网络商务创新大赛，全国优秀指导教师，中国互联网协会，2009 年。

9）代红梅："E 路通"杯第三届全国大学生网络商务创新大赛，全国优秀指导教师，中国互联网协会，2010 年。

10）熊焘："E 路通"杯第三届全国大学生网络商务创新大赛，全国优秀指导教师，中国互联网协会，2010 年。

11） 王晴："E 路通"杯第三届全国大学生网络商务创新大赛江西赛区优秀指导老师. 江西省教育厅，2010 年。

（2）课题。

代红梅. 全面质量管理在《电子商务概论》课程教学中的应用研究. 省级教改课题（JXJG-06-17-28）. 江西省教育厅，2006.

小 结

商科类院校电子商务专业特色，通过培养方案开设商科类课程、实践教学环节、第二课堂、学术交流活动、辅修专业、产学研教学模式等方法，具体落实学生商科背景、经济管理的知识培育，发挥商科院校专业教学、科研优势，形成良好的科技创新和专业学习氛围，促进专业建设和实践教学工作，培养出高水平的具有商科特色的应用型技术人才。

参考文献

[1] 潘郁，潘芳. "电子商务"本科专业学生核心能力的创新培养 [J]. 安徽农业科学，2007（7）.

[2] 李世宗. 电子商务专业创新型教学模式和应用型人才培养模式研究 [J]. 湖北财经高等专科学校学报，2006（6）.

[3] 李娜. 通过"技能竞赛"提高电子商务学生职业技能水平的实践与研究 [J]. 电子商务，2008（10）.

[4] 孟健. 电子商务课程创新教学模式探讨 [J]. 电子商务，2006（9）.

[5] 张金寿. 关于高职院校电子商务专业教育教学的思考 [J]. 电子商务，2006（1）.

［6］杨丽光，张德军. 把脉电子商务人才培养［J］. 电子商务世界，2005(9).

［7］陈远，陈子夏. 解析电子商务的职业定位与人才培养［J］. 图书情报知识，2006 (2).

［8］汤苏宁，孙力. 中国电子商务人才培养中存在的问题与对策研究［J］. 科技进步与对策，2005 (5).

［9］朱玉春. 我国电子商务人才培养中的问题与对策［J］. 农业网络信息，2006 (7).

附录6　独立学院电子商务特色专业研究

南昌大学科学技术学院

熊　婷　张　炘　邓伦丹　李昆仑　刘　敏

一、独立学院电子商务特色专业建设的概况

1. 学院特点

南昌大学科学技术学院是由南昌大学申报举办，于2001年8月1日经江西省发展计划委员会、江西省教育厅批准成立的一所本科综合性独立学院。

2003年，根据国家教育部《关于规范并加强普通高校以新的机制和模式试办独立学院管理的若干意见》（教发〔2003〕8号）的文件精神，学院把握机遇，规范办学，于2003年年底被国家教育部作为全国首批符合要求的独立学院予以确认。2005年教育部专家对科学技术学院进行了专项检查，获得了比较好的成绩，在办学思想、办学理念、教育教学管理、教育质量等方面，都获得了专家的充分肯定，尤其在教育教学管理、教育质量保障方面，得到了专家的很高评价。

学院在科学认识、切实把握、严格遵循高等教育办学基本规律与发展趋势的基础上，从独立学院办学实际出发，切实按照教育部8号文件办学，始终坚持独立学院“民、独、优”三大原则，充分发挥民办教育灵活、高效和母体优质教育资源两大核心优势，坚持独立办学，办让人民满意的高等教育院校。通过几年的办学实践，学院在不断规范办学行为的同时不断探索，逐步形成了适合独立学院办学实际的办学思路、办学理念，确定了“科学定位、发挥优势、依法办学、创新发展、多作贡献”的办学思路；明确提出了把培养学生的四大能力，即学习能力、动手能力、创新能力和就业能力，作为整个办学事业的基本要求；确定了“基础好、业务精、素质高、能力强”的高级应用型人才的人才培养定位，把学院办学定位为教学型学院，将来朝着教学研究型学院方向发展；学院提出办学以人为本、教学以教师为本、育人以学生为本的办学理念；学院把创建国际化、创新型、开放型的全国一流独立

学院作为长期奋斗的宏伟目标。

2. 电子商务专业存在的状况

电子商务（Electronic Commerce，EC），顾名思义，其内容包含两个方面，一是电子方式，二是商贸活动。它是指以计算机来处理商务信息，通过计算机网络尤其是互联网来传输信息的商务活动。电子商务可以通过多种电子通信方式来完成。现在人们所探讨的电子商务主要是以 EDI（电子数据交换）和 Internet 来完成的。尤其是随着 Internet 技术的日益成熟，电子商务真正的发展将是建立在 Internet 技术上的。最完整的电子商务应该是利用 Internet 网络能够进行全部的贸易活动，即在网上将信息流、商流、资金流和部分的物流完整地实现，换句话说，从寻找客户开始，一直到洽谈、订货、在线付（收）款、开具电子发票以至于电子报关、电子纳税等通过 Internet 一站式完成。

科学技术学院自 2001 年创办以来，电子商务专业的就业情况一直不理想，且专业对口率很低，究其主要原因是电子商务专业定位不清晰，人才培养目标不明确等。当然这与科学技术学院自身情况与学生特点是紧密相关的。

电子商务是计算机学科与财经学科相互交叉渗透的边缘学科，它具有综合性、新技术密集性、发展性、差异性等特点。依据电子商务本身的专业特点，独立学院制约其专业电子商务人才的培养，主要存在以下问题：

（1）培养目标不明确。创办电子商务初期，科学技术学院培养目标完全照搬母体学校南昌大学的培养目标（偏重于计算机技术），显然独立学院这样定位是错误的，因为这与三本院校的学生本身的特点不符。如今随着学院的不断成长与发展，科学技术学院提出了培养“基础好、业务精、素质高、能力强”的高级应用型人才目标，但这种目标本身没有明确提出电子商务专业的学生到底该具备什么能力，所以依据以上培养目标肯定会出现低就业率与专业对口率低的现象。

（2）课程设置不合理。学院缺乏对电子商务的深入理解，没有形成科学的专业体系，课程设置虽然体现了电子商务学科的交叉特点，覆盖了计算机和经管等学科，但是课程设置在层次、作用、地位方面缺乏内在逻辑性，仅将有关技术和商务方面的课程简单地堆砌在一起，让学生感觉什么都学了，但不知道这些知识到底有什么关联，所以学生毕业后技术不如计算机专业的学生，商务运作又不如经济类专业的学生，似乎什么都做但什么也做不好。

（3）实践锻炼缺乏。电子商务本身是一个应用性很强的专业，实践教学是电子商务人才培养的重要环节，学生需要经过大量的实践锻炼才能提高专业技能。但独立学院本身的情况制约了电子商务专业的实践锻炼，尽管教学计划中设置了较多的实践课程，但在实际中实践教学内容往往流于形式，且实践教学以实验室内虚拟实践为主，这与书本理论教学没有本质区别。所以，实践教学与理论学习没有形成体系，决定了学生就业专业对口率低。

（4）学生主动学习性不强。受我国高考招生政策的约束，独立学院只能第三批录取，招生层次低于二本院校。三本院校的学生，都存在一些共同的问题。他们入校带着美好的学习愿望，但自身基础较差，自学能力较弱，自我控制能力不强。而电子商务本是一个复合型专业，学生在学习中如碰到困难，很多学生不会迎难而上，而选择逃避或蒙混过关。不少同学只是单纯依赖教师，只满足于每天来课堂听课，考试及格，可拿到毕业证就万事大吉。这使得相当部分同学学习动力明显不强，缺少自主学习性，更谈不上把思考、研究、应用、创新等环节付诸学习中。因此，独立学院教师应承担更多的育人责任，应帮助他们树立良好的学习观，监督并指导他们的学习。

（5）教师队伍不健全。电子商务专业是个新专业，设立的时间不长，大部分教师都是由经济类课程和计算机类课程的教师转入承担电子商务课程的，这些教师的知识结构尚待完善。并且，这些教师大部分是青年教师，在教学经验、实践经验方面还待提高。正因为这些客观原因，学院电子商务专业中既有扎实的商务理论又有技术能力和实践教学经验的教师少之又少，所以学院电子商务专业的师资都比较匮乏，急需健全与壮大。

基于上述独立学院自身情况与学生本身的特点，思索如何培养社会所需求人才的电子商务专业已成为迫在眉睫的问题。所以，独立学院对电子商务专业学生的培养也应打破传统的培养模式。创新培养途径是电子商务专业生存与发展的客观必然趋势，突出专业特色培养，是学院长期生存与受社会欢迎的关键。

3. 特色电子商务专业研究意义与理论依据

电子商务是网络化的新型经济活动，即基于互联网、广播电视网和电信网络——“三网”的生产、流通和消费活动，以实现整个商务过程的电子化、数字化和网络化。

江泽民同志在 APEC 第六次领导人非正式会议上指出：“电子商务代表着未来贸易方式发展的方向，其应用推广将给各成员国带来更多的贸易机会。”可见，电子商务的发展使得社会对电子商务专业人才的需求日益凸显。但是，

当前电子商务人才极度匮乏，急需全国各高校针对当前的信息业培养和提供电子商务人才。

科学技术学院作为全国第一批创办的民办“三本”院校，培养社会所需人才，提高学生的就业率是长期生存与发展的关键。因此，学院当务之急是总结办学中低就业率存在的原因，正确定位学院培养目标，打破传统的培养模式，发挥三本学生的特长和优势，增强学生的专业兴趣与学习主动性，提高学习效率与质量，培养社会所需的复合型电子商务人才。

当今，电子商务已经成为一大热点。无论是传统的企业或是新兴的企业，都把电子商务作为企业经营的一种新方式，把各种商业活动在网上进行交易。电子商务在我国发展迅速，其特点主要表现为：第一，电子商务支撑体系建设不断壮大。网上支付、电子认证、实物配送、信用、标准等电子商务支撑体系建设逐步展开。第二，电子商务应用模式多元化。基于网络产品、技术与服务的创新能力稳步提升，网上商城、网上拍卖、网上邮购等在线交易、电子支付、电子认证、现代物流等领域关键技术取得突破性进展，以行业、区域及中小企业的第三方电子商务交易与服务平台加快发展，新型商务业务模式不断涌现。第三，电子商务发展形成大势。随着中国加入世界贸易组织，基于超越国界的 Internet 的电子商务不可逆转地走上了世界经济一体化的道路，国家信息化发展战略确立了电子商务的战略地位。

可见，发展电子商务已不仅是多一种新的商务模式，而且是关系到经济结构调整和社会模型，关系到国家经济发展的大问题。从与不同职位专业知识的结合来看，未来我国将缺乏能够结合市场营销、生产管理、客户服务、行政财务等多个领域的复合型电子商务人才。即使如此，我国电子商务专业人才的供给与社会各企业对电子商务专业人才需求之间仍然存在相当大的差距。我国正处在电子商务的发展时期，这个时期将对电子商务的人才提出新的要求，过去那些仅具有网络技术背景的人才，或仅懂商务的人才已经很难满足企业发展电子商务的需要，而系统地接受过电子商务培训，能有效利用网络技术的复合型电子商务人才紧缺。打破传统的电子商务专业培养模式，寻求专业特色建设是高校向社会输送电子商务复合型人才的最佳途径。

电子商务是一个复合型专业，横跨经济、计算机、管理、法律等多个学科，内容丰富、任务重大。电子商务专业的培养目标是造就电子商务人才，社会所需要的电子商务人才所应具备的不仅是理论知识，更重要的是知识运用能力与技能。在分析独立学院自身的情况与学生特点及目前电子商务培养过程中存的问题基础上，明确学院电子商务专业培养目标，完善课程体系，增强学生实践应用能力等，通过研究特色专业建设，培养出适应社会需求、与社会接轨的电子商务人才。

二、二级学院电子商务特色专业建设的内容

独立学院是新型的办学模式，有着其自身的情况与特点，而电子商务专业是一门新兴的交叉学科。前面具体分析了制约着独立学院电子商务专业学生低就业率等存在的问题，可明确地看出独立学院电子商务办学，应改变传统培养模式，即如何定位电子商务专业的培养目标，成为首要解决的问题，这是提出创建特色电子商务专业的背景。下面详细阐述科学技术学院电子商务特色专业建设的主要内容。

1. 明确培养目标

独立学院应首先明确我们“为谁培养，培养什么样的人才”。学院刚创办，定位依据南昌大学校本部电子商务的培养目标，但随着学院的发展与总结，独立学院本身与校本部公办高校就存在很大差异，无论是办学条件还是学生来源都存在着很大的区别，因此培养目标必须符合独立学院学生特点，还要区别于公办高校的差异。学院提出了培养“基础好、业务精、素质高、能力强”高级应用型人才的培养目标，这是学院总的培养方向，但在实际的办学中，还应对各专业提出更详细、更具体的要求。我们培养的学生最终要走进社会，适应社会需求，培养什么样的高级型应用人才？这主要取决于企业对电子商务人才的具体需求。

我国企业电子商务人才的需求主要有以下几种类型：①电子商务的战略管理人才，有些企业需要有丰富实战经验和创新能力的电子商务项目整体操作人才，此类人才素质要求很高且市场需求相对较少。②电子商务的专业技术型人才，我国大企业往往分工细致，需要网络信息员、程序员、美术人员等精通电子商务技术型人才。③电子商务的应用技术型人才，即复合型人才，通过建立网站开展网络营销，既要懂如何建网站，又要负责网络推广，还要兼顾网站日常维护，负责商务洽谈。我国有些企业并不要求员工自己承担做企业网站，而是要求员工提交方案，策划出做什么样的网站、具备什么功能、找谁做以及如何评价。④电子商务的操作性人才，我国许多想开展电子商务的中小企业不要求建立企业网站，但要求建立交易平台，这些企业需要能承

担网上贸易相关工作的人才。

基于以上企业对电子商务人才的需求分析，独立学院电子商务专业人才培养目标应定位于“既能进行网上商务，又掌握网站建设和技术推广”的复合型人才，有了明确的培养目标才能做到电子商务学生对口就业、高就业。

2. 合理设置专业课程体系

电子商务在科学技术学院已创办十余年，随着独立学院办学水平的不断提高，针对社会中小企业对电子商务人才的需求，科学技术学院的电子商务专业课程体系也在不断地完善，教学计划总是随着专业本身的特点及人才需求更新、求准与求精。科学技术学院现已设置了较为健全与完善的课程体系，纵观教学计划，把专业课程体系分为五大模块组成（见附表 6-1~附表 6-5）：通识课、专业主干课、泛学科选修课、专业选修课和素质能力任选课五大模块，电子商务专业的学生在校四年，只有修满教学计划中规定的课程共 170 学分才能拿到学位证书和毕业证，顺利毕业。

此课程体系结构体现出电子商务是技术和商务的融合，把握住了“技术是工具，商务是目的”的原则。此教学计划无论从课程设置，还是学期安排及相应课程学分设置都较符合现在大中型企业对电子商务人才知识结构的需求。还可以明显看出课程设置十分注重理论与实验相结合的环节，真正让学生体会“理论指导实践，实践验证理论”的学习过程。

3. 构建专业实践教学体系

电子商务是一门复合型交叉学科，包含的知识结构丰富，如包含了计算机技术、网络技术、财经与法律等知识，在学习的过程中不是单个课程的学习，而是多门课程知识结构的整合。电子商务本身又是一门操作性较强的学科，所以构建健全的专业实践教学体系是必不可少的。科学技术学院从自身条件和学生特点出发，如今已搭建较完善的实践教学体系，主要体现在以下几个方面：

（1）注重理论与实践相结合的课程设置。绝大部分专业课程都开设了相应的实践环节，要求同学们在学好理论的同时，在实验中进一步加强实践，培养学生动手操作商务知识的技能。学院已有设备完善、功能齐全的电子商务实验室。在进行实验教学环节中，为避免实验流于形式，学院实施双向政策，即学生实验操作过程不仅实验操作员要进行指导，且专业教师也必须参与实践指导。要求学生每完成一个实验，都要求按学院规定的形式完成实验报告，并且在实验报告中贴上实验的相关结果图。这样大大提高了学生在实验教学中的积极性与主动性，使之能独立完成各专业课程实践环节。

附表 6–1 通识课

课程类别	第一学期	第二学期	第三学期	第四学期	第五学期	第六学期	第七学期	第八学期
通识课	T05503101 思想道德修养与法律基础 2. 5. 45. 2	T05503104 中国近现代史纲要 2. 30. 2	T05505101 大学英语 4. 60. 4	T03101102 汉语写作Ⅱ 2. 30. 2		T05503103 马克思主义基本原理 2. 30. 2	T05503102 毛泽东思想、邓小平理论和“三个代表”重要思想概论 2. 5. 45 .5	
	T05501101 高等数学Ⅰ 5. 72 . 6	T05501101 高等数学Ⅰ 6. 90+24 . 6	T05505102 大学英语口语 2. 30. 2	T05505101 大学英语 4. 60. 4				
	T05505101 大学英语 3. 48. 4	T05505101 大学英语 4. 60. 4	T05504101 体育 1. 30. 2	T05504101 体育 1. 30. 2				
	T02203101 计算机应用基础 2. 60. 5	T05505102 大学英语口语 2. 30. 2						
	T05504101 体育 1. 30. 2	T05504101 体育 1. 30. 2						
	T05504102 军事理论 1. 20							
	T05503105 形势与政策 0. 5. 6. 1	T05503105 形势与政策 0. 5. 8. 1	T05503105 形势与政策 0. 5. 8. 1	T05503105 形势与政策 0. 5. 8. 1				
学分合计	15	15.5	7.5	7.5		2	2.5	

附表 6–2 专业主干课

课程类别	第一学期	第二学期	第三学期	第四学期	第五学期	第六学期	第七学期	第八学期
专业主干课	Z02205101 电子商务概论 3. 5. 60. 4	Z02205106 工程训练与社会实践（1 周） 1	Z02205106 工程训练与社会实践（1 周） 1	Z02205106 工程训练与社会实践（2 周） 2	Z02205106 工程训练与社会践（2 周） 2	Z202205106 工程训练与社会实践（2 周） 2		Z02205107 毕业实习 2. 2 周
		Z02203104 计算机网络基础 3. 5. 60. 4	Z02203111 网页设计与网站建设 4. 75. 5	Z02203103 数据库原理 4. 68. 5	Z02205103 网上支付与结算 2. 5. 50. 3	Z02205102 电子商务与物流 2. 5. 50. 3		Z02205108 毕业论文（设计） 10. 10 周
				Z02205104 电子商务技术基础 4. 75. 5		Z02205105 电子商务案例与实践 3. 60. 4		
学分合计	3..5	4.5	5	10	4.5	7.5		12

附表 6-3 泛学科选修课

课程类别		第一学期	第二学期	第三学期	第四学期	第五学期	第六学期	第七学期	第八学期
泛学科选修课	必修课	F04101108 政治经济学 2. 38. 3		F04101110 西方经济学 4. 68. 4	F05501107 概率论与数理统计Ⅰ 4. 60. 4	F02205101 电子商务模拟操作 1. 5. 45. 3		F04101105 经济法 3. 52. 6	
				F05501105 线性代数Ⅰ 3. 45. 3	F02203201 VB 程序设计 3. 52. 4	F04202101 会计学基础 4. 68. 5			
				F02203103 数据库管理系统 3. 60. 4		F04303101 管理学原理 3. 52. 3			
	选修课		F02203201 G 语言程序设计 4. 75. 5				F04101231 国际贸易理论与实务 3. 52. 4	F05503107 当代世界经济与政治 (原第 1 学期开课，需变更开课学期) 1. 5. 30. 3	
学分合计		2	4	10	7	8.5	3	4.5	

附表 6-4 专业选修课

课程类别		第一学期	第二学期	第三学期	第四学期	第五学期	第六学期	第七学期	第八学期
专业选修课	必修课					X02202102 电子商务安全与风险管理 2. 5. 45. 3	X02203101 Web 编程技术 3. 5. 60. 4	X02202101 网络企业管理 2. 30. 3	
						X02202103 国际电子商务 (双语) 2. 30. 2			
	选修课			X02205205 现代商学概论 2. 30. 2			X02205213 电子商务解决方案 2. 40. 3	X02205201 电子商务系统设计 2. 40. 4	
								X02205203 电子商务英语 2. 30. 3	
学分合计				2		4.5	5.5	6	

附表 6-5 素质能力任选课

课程类别		第一学期	第二学期	第三学期	第四学期	第五学期	第六学期	第七学期	第八学期
素质能力任选课	人文	学生在素质能力任选课里选修 8 个学分人文课程．							
	本学科					R04305301 市场营销学 2. 30. 2			
							R04303308 企业战略管理 2. 30. 2		
						R02205303 电子商务政策与法规 2. 30. 2	R02204301 程序员考试分析Ⅰ 2. 30. 2		
学分合计						4	4		

（2）开设《工程训练》课程。这是独立学院区别于公办本科高校的教学环节中的最大亮点，除开设相应的专业课程实验、毕业实习、生产实习和毕业设计外，学院还专门开设了《工程训练》课程，且放在专业主干课模块中。目前，学院有电子商务相关的专业实验室，如计算机网络专业实验室、电子商务网上平台操作模拟实验室等，学生从第二学期开始开设《工程训练》课程，第二与第三学期在期末考试前一周的时间分别进行“电脑组装专题实验”与“计算机网络专题实验”。随着同学们由专业基础课程到专业主干课程学习的深入，第四到第六学期加重了《工程训练》课程时间，每学期安排两周做相关电子商务的专题实验。大学四年期间共有八周的《工程训练》课程实践时间，都是围绕着电子商务涉及的知识方向在学院专门的实验室开展。《工程训练》实验指导书是学院组织由系主任为主编、专业实验指导教师为副主编，针对独立校院学生的特点及培养定位而编写的，同学们能够按照指导步骤很快上手，知识结构融会贯通。无论从时间角度，还是从实践教学环节的安排，独立学院突出自身的办学特色，注重加强学生的实际动手能力的培养，这也与学院对电子商务培养目标是十分吻合的。

（3）积极开展校外实践环节。学院加强校企联合，开展校外实践基地，给学生提供更多的实习实践机会。教师根据专业课程教学内容组织同学们到大中型企业（如淘宝网、阿里巴巴等企业）进行参观、考察，并且让学生进行现场演示、对电子商务相关知识的案例分析等，使之得到多种形式的实际训练。通过校企合作基地，既培养和锻炼了同学们的思维能力和实际业务能力，又大力提高了同学们对电子商务的实际应用能力。

多种实践环节的实施，事实证明是有效的，不仅强化了同学们的理论知识，更提高了同学们的实践操作能力，同时又激发了同学们学习的主动性与积极性，开拓了思考问题的潜能与创新能力。

4. 组织参加各种竞赛活动

电子商务是一门新型交叉性学科，在培养过程中，学院提供一切可利用的机会锻炼与提高同学们的应用能力，学院在近几年里开展与组织了诸多相关活动。

（1）组织参加全国专业比赛。学院组织同学参加全国专业比赛是检验学院在人才培养，特别是实践教学环节人才培养最有效果的途径之一。在比赛活动中和其他地区、其他层次的高校进行学习经验交流、开拓思路、发挥潜能。近年来，学院组织电子商务专业学生参加了全国高校首届“创意、创新、

创业”电子商务挑战赛、建行“E路通”杯全国大学生网络商务创新应用大赛等。组织学生参加此类比赛对学生的操作与应用能力是很好的锻炼，同时学生若能获得奖项，则对学生今后的就业有很大的帮助。

(2) 开展相应的职业资格证书培训。尽管现在电子商力人才比较紧缺与匮乏，但并不是拿到电子商务毕业证与学位证就可以很好地就业，当今是经济社会，单位都希望招聘专业知识全面、实践操作能力强的人才，希望招聘的人才可直接适应工作，为用人单位创造价值。那么刚毕业的大学生如何向用人单位体现自己的知识与实践能力？相应的职格证书是最有力的证明。近年来，学院大力组织同学们参加的电子商务专业培训有人力资源和社会保障部的“助理电子商务师”培训和阿里巴巴的“电子商务人才认证”等。通过这些培训，加强学生的实践应用能力，考试合格得到相应的培训证书。这对学生今后顺利就业和较快适应工作具有很大帮助。

5. 加强师资队伍建设

电子商务是一个新专业，开设时间不长，因此目前学院电子商务专业教师比较匮乏，要创建特色电子商务专业，则必须充分重视与加强师资队伍的建设。因此，学院要求电子商务专业的教师不断提高教学水平、实践技术能力和科研水平。同时，跟踪学科发展前沿，大力鼓励电子商务教师积极探讨创新的教育教学方法与策略，正确定位教师在教学中的角色。学院根据自身师资特点，采取了“派出去，请进来”的方法培养师资，即“派出去”是指学院选派那些高学历层次、爱岗敬业、年轻有为的骨干教师攻读高层学位，或进入知名的大中企业（如淘宝网、阿里巴巴等企业）学习，或参加全国的各种学术会议及师资培训；“请进来”是指学院根据电子商务专业目前发展形势，结合自身师资队伍的状况，由人事处向社会或高校引进一部分高学历、高水平的教师作为师资的新鲜血液，从而提高与完善教师队伍。教师队伍的健全是特色电子商务专业建设的有力保障。

三、结论

二级学院电子商务特色专业研究是由中国信息经济学会电子商务专业委员会江西办和江西省计算机用户协会电子商务专业委员会申报的“普通高等学校电子商务专业知识体系江西省创新实验区项目”的一个子课题，科学技术学院作为参与单位，从独立学院的角度出发研究电子商务特色专业的特色，分析了独立学院培养的电子商务专业学生就业率不高的原因，总结了学院在制约其专业发展中存在的问题，提出独立学院电子商务专业培养目标，朝着目标不断改变或完善现有教学模式，并取得了一定的效果。但在研究过程也存在一定的局限性，具体如下：

第一，受独立学院自身特点的制约。独立学院依托母校资源进行办学，资金不足，对于电子商务这个新兴起的专业，要求投入资金建设专业实验室，但因资金的限制有些实验室建设不健全，制约了学生实践操作能力的锻炼；师资不健全与不稳定，学院采用专兼职结合的教师队伍。近年来，独立学院尽管已招聘一些专职教师，但因大部分教师都是刚大学毕业或毕业没多久的年青教师，教学经验不足、知识结构体系单一，所以满足不了电子商务知识的教学需求。

第二，受学生自身特点的制约。电子商务是一门复合型交叉专业，课程体系结构相对复杂，包含商务与电子技术两大模块内容，而学生来源为“三本”学生，他们本身基础相对薄弱、自我学习能力较差，所以制约着培养社会需要的电子商务人才。

电子商务的本质是商务，电子商务的目标是通过电子方式进行商务活动。学院已定位了“基础好、业务精、素质高、能力强”的高级应用型人才培养目标，依据独立学院现有条件，要突出与落实专业特色建设有一定局限性，但独立学院又是一个新办的民办高校，它又具有自身的优势，因此对于今后电子商务特色专业建设，我们有着美好的憧憬。今后在建设中，我们可以做到：紧扣培养目标与专业特点，构建电子商务理论知识结构的同时，独立学院应更注重对学生实践操作应用能力的培养，建立电子商务网络教室、电子商务网络实训中心、现代商务实训中心、校外实训基地等。从各个方面与各层次锻炼学生的实践能力，培养社会需求的高级型应用人才，推动学生就业率的提升。

参考文献

[1] 中国电子商务研究中心：http：//b2b.toocle.com/detail—4927965.html.

[2] 李科. 电子商务人才培养应该层次化 [J]. 电子商务世界，2007 (1).

[3] 刘红军. 我国电子商务人才培养问题研究 [J]. 宿州教育学院学报，2006 (3).

[4] 白静. 独立学院电子商务专业人才培养的思考 [J]. 商场现代化，2008 (8).

附录7 工程型电子商务特色专业研究

南昌理工学院

朱新英 陈小辉 关南宝 夏 伟

一、工程型电子商务特色专业建设的概况

高等院校开展电子商务教学起源于美国。美国各大著名院校的计算机学院都相继开设了 E-Commerce 研究专题。其中，著名的卡耐基—梅隆大学在 1998 年由工业管理研究院和计算机学院联合创建了电子商务学院，并于 1999 年设立了世界第一个电子商务硕士学位。2000 年，中国人民大学、广州商学院也分别建立了我国第一个先进的电子商务教学与实践中心，并在课程建设、教学模式、教学软件、电子化教材等方面进行了大胆的探索和创新，积累了一定的经验。截至目前，全国共有 330 多所高校开设了电子商务专业，但是高校毕业生供给却与市场需求发生矛盾：一方面是毕业生就业供过于求；另一方面是大量的企业找不到合适的电子商务人才，故而培养具有特色并符合市场需求的电子商务人才已经成为迫切需要解决的热点问题。山东大学王长全教授针对目前电子商务实践教学中存在的问题，从构建实验教学体系、建设综合实验平台以及改进实验教学方法三个方面，就如何围绕人才培养目标对电子商务专业实践教学改革进行了分析，认为应该帮助学生提高自己的实际动手能力，满足应用型人才的培养要求。

分析国内外有关专家学者的研究，主要是从整体电子商务学科的教学和培养目标出发，从设计各种实验、解决真实任务、改进教学方法以达到提高学生动手能力为目标进行研究，忽略了电子商务实践教学体系在不同学科背景下的能力要求不同、特色不同、目标不同的差异，从而缺乏针对性，也不利于解决形式多样的教学实践活动。

本研究拟从工程类学科背景下的电子商务人才培养目标出发，力求设计一套科学合理的、有鲜明专业特色的、能提高学生的实际动手能力和实际应用创新能力的电子商务专业的实践教学体系。这也是现代高等教育教学改革方向之一。

本研究对促进教学工作，提高教学质量有重要意义：

第一，应注重核心课程实验、综合案例实践、成熟项目实训、实际环境实践等多种形式和方法的教学实践活动，特别鼓励通过加强网络交互能力、团队协作能力、项目组织能力的培养来提高学生的创新与创业能力。对于工程类的电子商务专业，应该强化核心技术的实践操作训练，培养产学研的有机结合，模拟与实践对信息技术的要求则侧重于应用。相应的教学工作和课程设置、教材配套、实践体系也就需要突出工程类特色。

第二，应根据自己学校的特色来构建一套科学合理的工程类背景下的电子商务教学实践体系，培养学生的实践应用与创新能力，对解决企业和电商人才的供需矛盾具有十分重要的现实意义。

第三，分析解决工程类背景下电子商务实践教学所要达到的预期目标，并对如何有效组织，怎样选择知识经验和课程、实验项目的设计、实践教学体系的构成进行科学合理的设置。

第四，以目标岗位职业能力为基础，充分利用实践教学体系的构建，突出能力培养，多种能力并举。以能力为基础的教育体系，是近年来国际国内普遍采用的教育思想。国外应用型大学的实践教学目标，都十分重视以能力为本位的教育。

第五，进一步促进完善工程类电子商务专业人才培养方案和课程体系设置。

具体研究内容：

南昌理工学院是江西省创新实验区项目试点单位。所以本研究也是结合高等学校电子商务专业知识体系江西省创新实验区项目的实际特色，依据电子商务人才培养的实际需求，结合就业市场对电子商务人才的具体要求，更结合毕业生数据分析来研究工程类电子商务实践教学体系。

二、知识体系特色及教学计划

1. 电子商务专业教育目标体系

电子商务是一种以通信技术、计算机技术、网络技术为支持的商务活动。其本质内涵是信息数据化的商务活动，而这一活动的组成要素是信息流、物流、资金流。三流的互动构成了电子商务活动的内核。内核是事物的本质，

而对本质的认识及其功能开发又依赖于应用领域的丰富和外延的拓展。据此，凡是与商务活动相关的学科与领域都构成了电子商务拓展的方向。

基于电子商务本质内涵与外延空间认识，电子商务专业人才培养必须构筑在电子商务本质规范的学科基点上，以完成专业教育的科学构思。其构思模式图如附图 7–1 所示：

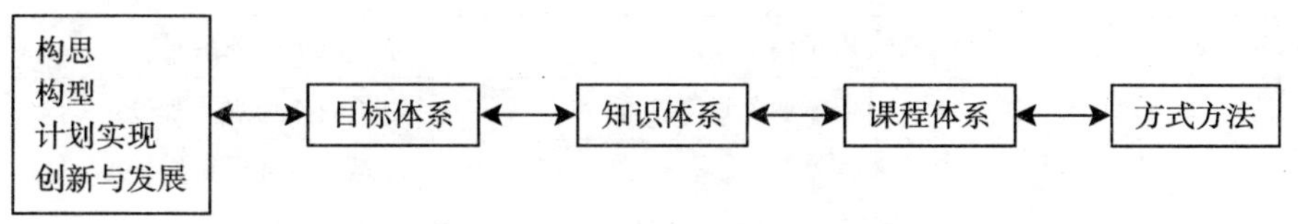

附图 7–1　电子商务人才培养构思模式

2. 电子商务专业教育目标的构思

根据学校办校理念，培养适应工程类的电子商务复合型、应用型人才，培养有电子商务感的，又具有创新能力的复合型人才。所谓电子商务复合型人才，是强调在掌握电子商务基本的专业的基础知识之上，个人再根据自身兴趣爱好有一个重点的学习方向和研究领域。

根据电子商务本质内涵及研究对象的认识，电子商务专业教育目标的构思应立足于三个方面。

第一，整体目标是培养信息社会电子商务专业人才。在整体目标下构建与社会需求发展的多元多层特征相适应的不同层次。层次的设立与人才流向层次相对应，不同层次的人才流向与电子商务教育知识模块层次相对应，建立对应链，形成培养目标所涵盖的知识领域与社会需求应用领域相适应的目标体系，反映培养目标的科学价值导向及社会作用。

第二，培养的重点是电子商务营销技能。电子商务营销技能是电子商务师的核心技能，但是营销技能是不可能在课堂或实验室中培养，只能在开放、真实的环境中，让学生“转变角色、进入角色”才有可能造就。

第三，开设电子商务师培训课程，探索与实训教学模式相结合。通过设置适合毕业设计和企业人才需要的实训教学内容，进行商务系统开发实战演练，培养学生综合运用本专业基础理论、基本知识和基本技能分析的能力。

3. 电子商务教育目标体系构型

基于目标构建的内涵规范及以上思考，电子商务教育目标体系构型如附表 7–1 所示。

附表 7–1　电子商务教育目标体系构型

专业基础课	专业核心课	专业特色系列课
高等数学	电子商务概论	企业电子商务系列
经济学	电子商务物流管理	电子商务企业系列
管理学	网络营销	金融证券电子商务系列
外语	网上支付与电子银行	电子商务资讯系列
计算机网络	企业电子商务管理	电子商务服务系列
计算机语言	电子商务安全认证系统	电子政务系列
网络与通信	电子商务政策与法规	
电子商务数据库	电子商务信息系统	

4. 电子商务目标实现模式

电子商务专业教育模式的选择，应根据社会多元多层需求及自身实际情况而定。但电子商务专业教育，是推进社会信息化和全球经济一体化的基础工作。而电子商务人才培养质量决定着电子商务专业教育的生存与发展。因此，教育模式的选择，必须以质量为本，以电子商务本质内涵为主体，否则不能称为电子商务教育。

5. 电子商务专业教育知识体系结构与能力结构体系

电子商务教育目标规范了电子商务教育的内容，其内容又受到信息化商务活动这一本质内涵的规定。据此，我们认为电子商务的教育内容应是以反映和揭示信息流、物流、资金流互动规律与运行的知识体系。这一知识体系由五大知识模块构成（见附图 7–2）。

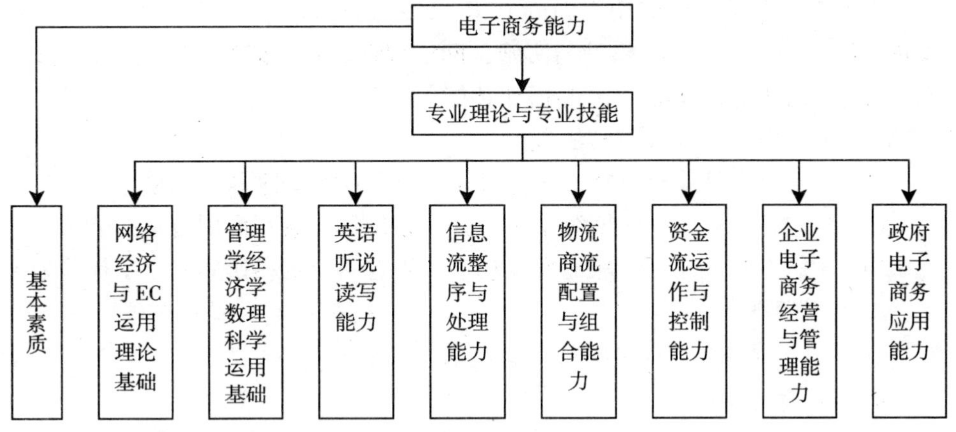

附图 7-2 电子商务人才能力分解

三、电子商务专业教学计划

1. 人才培养方案特色

重点研究以培养学生亮点为主要内容的亮点工程实施方案。结合学生毕业实习和毕业设计环节，结合学生自身的条件，努力发掘和打造学生自身的亮点，使学生就业时，亮点突出、特色鲜明，容易就业。如何帮助学生发现亮点、利用何种方式培育亮点、采用什么手段打造亮点，是该课题研究的主要问题。

2. 业务培养要求

电子商务专业学生主要学习电子商务及现代通信技术、计算机网络、经济学、管理学、法律、数量分析的基本理论和基本知识，系统接受电子商务流程中各个环节与操作管理方法的基本训练，具备综合运用所学知识分析和解决电子商务运作与管理问题的能力。

毕业生应获得以下几方面的知识和能力：

（1）具备交流能力、网络商务分析能力、较高的搜索、处理、分析信息的能力。

（2）掌握经济学、管理学和电子商务的基本理论与基本知识。

（3）掌握网络营销中的市场调查及其网上订货、网上交易、网上营销、网上市场、广告与网络广告等方面的技能。

（4）掌握电子商务应用方面的 B2B、B2C 运作模式，物流管理，信息流和资金流管理，Web 站点设计与实施，网络规划，电子证券，网上信息发布，商务数据挖掘与组织等的设计与操作技能。

（5）掌握电子商务政策与法规。

（6）熟练掌握计算机操作、统计分析软件和文字处理软件的使用。

（7）外语达到国家英语四级水平，并具备用英语撰写商用公文的能力。

（8）了解本专业相关领域的发展动态，具有一定的科研和实际工作能力。

3. 主干学科

经济学、管理学、计算机科学与技术、法学。

4. 主要专业课程

管理学基础，信息经济学，电子商务概论，计算机网络与通信，网络营销，电子商务物流、企业电子商务管理，国际贸易，电子商务安全认证系统，电子商务政策法规，电子商务数据库，电子商务信息系统，Web 站点设计与管理，网上支付与电子银行，毕业实习与毕业论文等。

5. 修业年限及授予学位

学制四年，授予工学学士学位（见附表 7–2）。

四、教学改革特色

1. 电子商务专业教学改革的必要性和迫切性

经济全球化的纵深发展以及信息技术的日新月异，引发了商务方式的变革。我国政府把发展电子商务作为战略选择，积极推进电子商务发展。各个行业和领域也正在积极开展形式多样的电子商务与电子政务活动，比如网上购物、网上销售、网上招商、网上广告服务、在线证券交易、电子银行、电子税收等。从时间效果看，电子商务的应用已使许多企业获益，许多大公司以“增值链”为核心，实施供应链管理的电子化，成为电子商务的应用主体。从发展趋势看，今后随着电子商务活动的扩大，中小企业将成为企业间电子商务活动的主要增长力量。

电子商务的迅速发展和应用领域的不断扩大，对教学改革提出了直接和紧迫的要求。

几年来，电子商务的迅速发展，表现出来的对社会经济生活的巨大影响也引起了人们的广泛关注。随着世界经济一体化进程的加快，许多国家都在

附表 7-2 全程教学计划表

课程类别	课程编号	课程名称	学时数				开课学期及周学时数								考核方式
			计划学时	学分	其中		一	二	三	四	五	六	七	八	
					讲授	实验其他	16	16	16	16	16	16	16		
公共基础课	000101	概论*（实践2学分）	64	4	64			4							考试
	000102	马克思主义基本原理	48	3	32	16			3						考试
	000103	中国近现代史纲要	32	2	32		2								考试
	000104	思想道德修养与法律基础	64	3	64		4								考查
	000105	形势与政策	(36)	2	36		专题讲座								考查
	140101	综合英语（一）	48	13	48		3								考试
		综合英语（二）	48		48			3							
		综合英语（三）	32		32				2						
		综合英语（四）	32		32					2					
		视听说	96			96	1	1	2	2					考查
	000310	微积分	80	5	80		5								考试
		线性代数	32	2	32			2							考试
		概率论与数理统计	48	3	48			3							考试
	190101	大学体育	128	4	8	120	2	2	2	2					考试
	190102	军事理论	32	2	32			2							考查
	100101	计算机基础	64	3	36	28	4								考试
	210101	职业发展与就业指导	(40)	2	40		专题讲座								考查
	小计		924	48	664	260	21	17	9	6					

续表

课程类别	课程编号	课程名称	学时数				开课学期及周学时数								考核方式
			计划学时	学分	其中		一	二	三	四	五	六	七	八	
					讲授	实验其他	16	16	16	16	16	16	16		
	公共选修课	大学语文	36	2	36							2			必选
		当代世界经济与政治	36	2	36						2				必选
		其他可选课程	108	6	88	20			2	2	2	2	2		考查
		小计	160	10	140	20			2	2	2	2	2		
专业基础课	102301	电子商务概论	64	4	46	18	4								考试
	102302	高级程序语言设计	64	3	38	28		4							考试
	102303	基础会计	64	3.5	48	16		4							考试
	102304	DreamWeaver 网页制作	64	3	32	32			4						考试
	102305	计算机网络技术	64	3.5	50	14			4						考试
	102306	经济学	64	4	64				4						考试
	102307	数据库原理与应用	64	3	44	20				4					考试
	102308	管理学原理	48	3	48					3					考试
	102309	国际贸易理论与实务	64	3	54	10						4			考试
		小计	560	30	422	138	4	8	12	7		4			
专业主干课	102310	网上支付与结算	48	3	30	18				3					考试
	102311	电子商务安全技术	48	3	48						3				考试
	102312	ASP 程序设计	64	3	32	32				4					考试
	102313	电子商务网站设计 ASP.NET	64	3	32	32					4				考试
	102314	网络数据库	64	3	32	32					4				考试
	102315	电子商务与现代物流	64	4	64					4					考试
	102316	ERP 原理与应用	64	3	32	32						4			考试
	102317	电子商务案例分析	64	3.5	44	20						4			考试
	102318	网络营销	64	3.5	44	20					4				考试
		小计	544	29	358	186				11	15	8			

续表

课程类别	课程编号		课程名称	学时数				开课学期及周学时数								考核方式
				计划学时	学分	其中		一	二	三	四	五	六	七	八	
						讲授	实验其他	16	16	16	16	16	16	16		
职业方向选修课	方向一	102401	PHOTOSHOP	64	3	32	32			4						考试
		102402	JAVA 程序设计	64	3	32	32					4				考试
	方向二	102403	市场营销	64	3	40	24			4						考试
		102404	商务谈判	64	3	50	14					4				考试
	小计（专业方向二选一）			128	6	82	46			4		4				
	任选课	102405	客户关系管理	48	2.5	24	24					3				考查
		102406	网络金融	48	2.5	30	18					3				考查
		102407	flash	64	3	32	32						4			考查
		102408	物流成本管理	48	3	30	18						3			考查
		102409	计算机组装与维修	48	3	30	18						3			考查
		101410	组织行为学	48	3	48								3		考查
		101411	多媒体课件	48	3	36	12							3		考查
		101412	电子商务项目管理	48	3	36	12							3		考查
		101413	电子商务法律概论	48	3	48								3		考查
		101414	人力资源管理	48	3	48								3		考查
		101415	jsp	48	3	32	26							3		考查
		101416	电子商务英语	32	2	32								2		考查
		101417	文献检索	32	2	22	10							2		考查
		101418	电子商务最新技术专题讲座	10	1	10								1		考查
	小计			384	22	256	128					3	6	15		
实践性环节			小计（20~30 学分）		27			0								
合计				2700	172	1922	778	25	25	27	26	24	20	15		

注：①形势政策，共 36 学时，其课时不计入课内总学时，上课方式为每学期开设 3~4 次合班专题讲座。②就业指导，共 40 学时，记 2 学分，其课时不计入课内总学时，上课方式为合班讲座。③大学语文（共 36 学时、记 2 学分）、当代世界经济与政治（36 学时、记 2 学分）为公共选修课必选课程，在第三学年按文理分学期开设，教师及教材由公共教学部安排。

大力推动电子商务的发展和应用，并以此取代或改革传统的商务活动方式，重组业务流程，降低交易成本，加速流通过程，全面提高企业市场竞争力和综合国力。

电子商务的快速发展使整个社会对电子商务专业人才的需求日益迫切，既掌握信息技术，又精通商务管理的复合型电子商务从业人员更是社会所急需的。

以适应沿海发达地区社会经济发展和产业结构调整对电子商务应用型人才的需要为依据，以提高南昌理工学院学生的职业能力和职业素养为宗旨，彰显以学生为本位的教育理念，突出职业教育的特色，建立灵活多样的教学机制，通过各项职业技术实践活动，培养学生良好的综合素质、职业道德和职业能力。本专业人才培养着力提高学生的操作技能水平和综合职业能力。

2. 电子商务专业人才培养目标

电子商务专业是一个具有创新性、面向世界、面向未来的新型专业，该专业的毕业生将面对“要么电子商务、要么无商可务”的现代商务世界。

电子商务专业培养具备经济学和管理学的理论基础，具备计算机科学技术知识及应用能力，掌握现代通信与网络技术、网络营销策略，熟悉电子商务政策法规，具备商务管理方面的知识和能力，掌握一门外语，能在信息产业、工商企业及各种电子商务网站从事商务相关工作的高等技术应用型人才。学生毕业时应具备如下素质和能力：

（1）理念：真正以信息化手段实现商务目的，尤其是全球化背景下实现商务目的的电子商务理念。

（2）业务能力：实施电子化贸易、商务的能力。

（3）综合能力：与技术、管理、财务、法律、物流等其他部门协调实施、推动电子商务的能力。

（4）持续学习能力：包括利用网络技术搜集、研究、学习、分析贸易、商务相关市场动态、背景、信息的能力，进而能够具有自我学习并融会贯通及创新能力。

本专业毕业生可在各类企业电子商务网站建设与管理、网络广告、CI、商务数据库管理、网络营销、网络信息采集与加工及物流信息管理等岗位工作。

3. 电子商务专业教学改革实践

（1）更新传统教育思想，优化人才培养方案。要进行创新教育，培养学生的创新精神、创新能力、创新素质，首先必须改变传统的教育思想、教育观念，树立正确的人才观、教育观、质量观，并以此为指导，制定和调整人才培养方案。本专业积极倡导以学生为主体，以教师为主导，注重多样性、开放性、应用性、创新性和学科交叉性，组织教学工作研讨会，及时讨论研究教学中出现的新情况、新问题，大力推进知识、能力、素质并重的培养总模式，着力构建多通道、多规格、模块化的人才培养框架；从而使人才培养计划更趋合理，更符合创新人才、复合型人才培养的需要，更符合个性化发展和人本主义，体现电子商务专业的办学特色。

（2）以就业为导向，因需施教，因材施教。我们根据行业背景、社会需求和毕业生的反馈情况，发现电子商务专业的学生就业范围虽然比较宽，但是大多可以归结为三类性质的岗位：一是利用互联网从事市场营销及相关业务；二是借助互联网从事国际贸易及商务活动；三是从事电子商务网站建设及管理维护等技术型工作。而且，南昌理工学院的学生基础及兴趣是不同的：有的英语功底好但技术能力差，有的则正好相反。我们要充分考虑学生个性化特征，做到因材施教。

（3）以能力为本位，构筑电子商务教学体系。电子商务教学体系由课程体系、实验教学、实践教学三模块构成，如附图 7–3 所示。

教学体系的中心是“基础 + 核心 + 特色”的课程体系。理论基础课程主要依托于计算机学院计算机科学技术和经济管理学科的优势，打造学生扎实的经济、管理和计算机理论知识。核心课程主要阐述电子商务方面的专业知识和理论。特色课程则是围绕着电子商务的应用与开发来构筑的，主要是商务与技术相结合的特色选修课，锻炼学生实际分析和解决问题的能力。

教学体系的两侧是实验、实践教学体系。实验的目的是让学生了解企业电子商务的实际操作流程，加深对理论基础知识的理解，训练应用能力和操作技能。实践的目的是锻炼学生的协调能力、沟通能力和对理论知识的综合运用能力，培养学生的专业素养。它不仅要求学生对本专业所学知识和技能进行综合运用，而且使学生通过社会实践，进一步提高其分析问题和解决问题的能力，实现人才的培养目标。

4. 构建与之相适应的新型实践课程体系

（1）基础性实验项目。针对电子商务的实际交易方式和程序进行模拟操作，以 Internet 为依托，让学生开发一些模拟实验软件，学生通过模仿企业真实环境尽快理解和掌握电子商务领域中不同形式的商业模式，并学会实际利

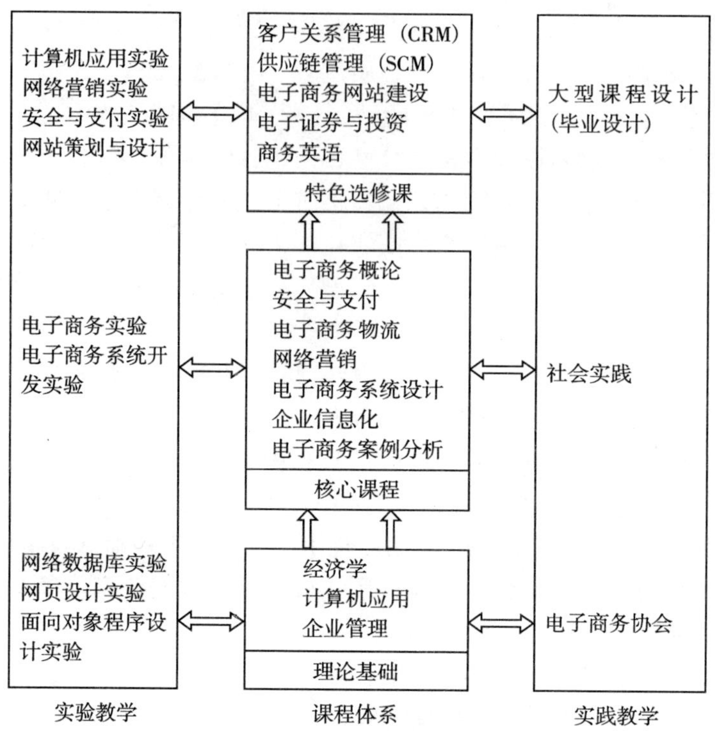

附图 7-3　电子商务教学体系

用电子商务平台进行交易。

（2）开放性实验项目。构建一个“专业实践能力 + 实践创新能力 + 模块角色化 = 创新实践能力”的实践课程体系。

（3）重点选择性实验项目。根据物流配送与网络安全等多个实验项目的重要性与必要性，由学生根据爱好，从中自选一个，提高自身素质。

5. 采用现代教学模式、方法和手段，不断提高教学水平

教学模式、方法和手段对教学的最终效果将产生极大的影响。未来达到专业人才培养目标，深化教育改革，电子商务专业教师逐渐改变了“以系统知识传授为核心、以教材为中心”的传统教学模式，不断完善“以学生为中心、以教师为主导”，融课堂教学技能实验与社会实践为一体的能力知识职业型教学新模式，将创新教育渗透于整个教学过程的各个环节。在教学方法上，大力提倡和推广参与式、启发式、讨论式等教学互动型模型，积极运用案例教学法、实地考察法、模拟训练法以及模块教学、项目教学。在教学手段上，积极探索利用网络和多媒体课件的开放式教学新模式，加快教学设施与教学

条件的建设，努力实现教学水平的跨越式发展。

在实践教学中应采取如下办法：

灵活选择所需模块：教师根据课程进展情况，利用交互式模拟实验软件，自由选用所需模块，方便快捷。

改进实验考核办法：教师可根据课程的特点采取期末笔试与上机考核相结合的方法。教师不仅可利用软件中教学治理模块的考试与操作过程跟踪评分系统，对学生的平时上机操作情况有所把握。

通过角色变化把握各交易流程的操作：教师可充分利用交互式模拟实验软件中所提供的网上交易模块，为学生提供电子商务三大模式 B2B、B2C、C2C 流程的前后台全程仿真环境。学生课上分别扮演电子商务环节各角色，适时变化身份分组进行交互式操作，与对手进行模拟演练，真正做到理论与实践相结合，加强运用电子商务的能力。

教师根据市场经济对人才的需求，实施产学研结合，大胆进行教学改革。深入企业调查研究，及时调整专业设置，根据不同专业学生应具备的核心能力实施模块教学，使学生真正做到学以致用。

课程改革总体思路是“提供更恰当的教育，而不仅是更多的教育”。根据电子商务专业的特点，培养学生的就业方向，本着必需和够用的原则，筛选和重组教学内容，保证学生以较高的效率修完所需课程的相关内容，具备相应的能力。

五、实验实训特色

1. 如何构建科学合理的电子商务实践教学体系

电子商务专业的实验实践教学由课内实践、校内模拟实习和校外实践三部分组成。课内实践指在教学计划中安排含有实践教学的内容；校内模拟实习是一个综合性的实习，是指在学完计算机技术类及商务类课程的基础上进行的电子商务综合实践；校外实践主要指社会调查与专业实习，根据所学专业知识进行专题的社会调查及到相关业务部门现场实习。

（1）电子商务实践教学平台体系构成主要从 3 层次 4 模块来分析。第一，校级基础（综合）实验实训平台；第二，学科实验实训平台；第三，专业特色实验实训平台；第四，校外实践与创新基地。

（2）电子商务实践教学的过程，主要包含三个环节：第一，制定专业技能规范：①知识技能；②应用技能；③科研技能。第二，制定实践教学大纲，包括内容、目的、时间安排、教学手段和方法、设施条件、考核办法等。第三，制定实践教学指导手册、指导书。

（3）电子商务实践教学形式，主要有项目实验、实训、实习、课程设计、毕业设计等。

（4）电子商务实践教学保障，主要有人、财、物（实习基地、实验室）、管理机制。

2. 调查研究表明目前电子商务人才培养存在的突出问题主要表现在以下几点

（1）专业培养目标不够明确，许多院校的培养目标定位空泛，不具备操作性。

（2）课程设置问题较多。由于电子商务专业跨度大，涉及管理学、经济学、贸易学、法学、信息科学和技术等学科，使得课程设置容易出现过时、衔接不好等问题，继而直接影响培养质量。

（3）毕业生实践技能严重不足。许多老师在授课中往往偏重于理论，讲得多练得少，再加上教学条件的限制，使得学生的实际操作技能较差，37%的高校甚至没有电子商务专业实验室，33%的高校没有专业实践基地。

分析以上原因，需要强调“实用、实际、实践”的原则，建立有利于培养学生独立分析问题、解决问题的能力，培养学生创新思维、创新能力和专业技术应用能力，构建一套完整、科学的教学内容和实践教学体系是着重要解决的问题。

3. 研究拟达到的目标

（1）建立与电子商务专业理论课程既相关又相对独立的电子商务实验课程体系，发挥学科交叉以及学科综合应用的特色和优势。

（2）探索工程类背景下电子商务专业的实践教学体系中课程体系实验项目的设置和设计性、综合性、模拟性、验证性实验的比重，师资力量和教学设备的配置，实验，实训、实习的安排。

（3）将理论知识与实践教学相结合，构建一套科学合理的工程类背景下的电子商务教学实践体系，培养学生的实践应用与创新能力，努力发掘有利于培养创新能力的因素，解决企业和电子商务人才的供需矛盾。

4. 拟解决的关键问题

重点解决工程类电子商务专业实践体系“一个中心、一个支点、一个特

色”的立体式实践教学模式，并构建“专业实践能力 + 实践创新能力 + 模块角色化 = 创新实践能力”的实践课程体系。

（1）构建适应工程类电子商务专业教学要求的实验教学体系，突出实验课程与专业素养、实验教学与专业特点的结合，提高电子商务学生的实践应用技能和创新能力。其主要实验环节应包括三个方面：电子商务条件下的商务实践、电子商务模拟实验和电子商务系统建设实验。

（2）校企合作与校内实验结合，构建电子商务专业双实践的教学体系。

1）坚持校企合作，让企业参与到学校的人才培养中来，拓宽电子商务人才培养范围，增强人才培养的针对性和适用性，这样确保电子商务教育与电子商务的实际发展同步。与电子商务课程教学的关系，在很大程度上不只是加深理解，更是对电子商务教育的重要修正。作为电子商务的学生，不拿出相当一部分精力投身于活生生的、一线的电子商务实践，从一线的电子商务实践中学到东西，光靠书上的知识是非常不足的。

2）在电子商务具体的实践教学过程中，要充分重视向第一线电子商务实践学习，校园实验室等实训基地起着十分重要的作用。

（3）以产学研合作为龙头，强化学生的实践能力和技术创新能力。

5. 研究的预期效益

研究将建立工程类电子商务专业实践体系“一个中心、一个支点、一个特色”的立体式实践教学模式，并构建“专业实践能力 + 实践创新能力 + 模块角色化 = 综合实践能力”的实践课程体系。可以为工程类背景下的电子商务专业建设和人才培养提供参考，并在各相关高校推广实施，目前江西省十几所开办了电商专业的高校都可从中受益。同时，通过实践教学体系的构建，有利于解决电子商务人才培养和社会需求脱节的问题，提高电子商务专业学生的实际电子商务应用能力和分析问题、解决问题的能力，从而达到提高江西省近万电子商务专业学生的就业率的目标。

6. 本研究的特色、创新及推广应用价值

（1）首先本研究在电子商务实践教学体系时将牢牢把握“工程类的背景”，使研究目标明确，研究结果针对性和实用性强，从而避免了许多高校电子商务实践机械拼盘式的教学体系。

（2）“专业实践能力 + 实践创新能力 + 模块角色化 = 综合实践能力”的实践课程体系是本研究的主要特色与创新之一。

（3）电子商务教学模式的创新实践教学课程体系设置是根据高等学校电

子商务专业知识体系江西省创新实验区项目的实际特色来构建的。建立了模块角色化、层次化、弹性化的实践教学体系，并根据新知识、新技术成果及职业岗位要求进行扩充和调整，以适应行业和社会对人才的需求变化。

研究结果将直接应用于南昌理工学院，还将为实践体系的构建、电子商务人才的培养提供一个参照模式，并在省内几十所相关高校推广。

7. 本研究的主要探讨方法

（1）跟踪调查和走访第一届和第二届电子商务毕业生的求职、工作状况，了解他们对电子商务专业人才培养的看法和工作技能需求。调查市场对电子商务专业的专业人才需求，并进行分析分类。

（2）对比分析法：分析兄弟院校主要是国内名校的电子商务专业建设和实践体系构建情况及其效果，从中取得经验，找出课程实践内容、实践教学方法、实验设置、因材施教等方面规律性的东西。

六、研究基础

1. 研究组成员已开展的相关研究及成果概述

本研究负责人朱新英长期从事电子商务的教学理论与实践问题研究，多次参加全国电子商务专业教学与课程建设研讨会、讲习班，是南昌理工学院电子商务骨干教师、前任电子商务教研室主任，是该校电子商务专业的创始人之一，先后在核心期刊发表《民办高校电子商务专业实践教学的探索》，《ERP 沙盘模拟实践教学的思考》等论文。连续四年获江西省学生电脑作品大赛优秀指导老师奖（享受省教学成果三等奖待遇）。自编电子商务概论实验教材。参与课题有江西省教育科学“十一五”规划重点课题《基于新农村建设的农业电子商务职业技术教育及其创业人才战略研究》、江西省教改课题《图形图像新教学方法 CAI 课件研究与应用》。

该研究组成员陈小辉，有丰富的电子商务教学经验，是南昌理工学院电子商务专业教师，目前任电子商务教研室主任，全面主持电子商务专业日常工作事务。

成员关南宝在电子商务领域有丰富的教学经验和研究能力，发表研究论文《高校网络办公系统的探讨》、《电子商务专业课程教改方案》等多篇。连续四年获江西省学生电脑作品大赛优秀指导老师奖（享受省教学成果三等奖待遇）。曾参与江西省教改课题《图形图像新教学方法 CAI 课件研制与应用》。

成员夏伟、叶君在电子商务方面有相当丰富的教学经验，担任了电子商务课程的相关教学任务。

2. 已具备的教学改革与研究的基础和环境，学校对研究的支持情况

（1）已具备的教学改革与研究基础。南昌理工学院于2000年开设学历文凭电子商务专业，经过几年的教学科研实践对电子商务专业的课程体系和教学目标有了深入理解，对电子商务教学体系模式已经有丰富的经验和深刻的认识，也多次修改完善教学大纲和课程体系。研究组成员均对此展开过初步研究，也取得了一定的研究成果。

（2）学校对研究的支持情况。已完全具备教学改革与研究的基础和环境，学校对教学研究非常重视。对研究的管理和经费使用也具备一套完善的规章制度，这将是本研究获得成功的可靠保障。

（3）尚缺乏的条件和解决途径。工程型的电子商务实践教学体系研究是一个新课题，对此展开毕业生、企业和国内外各高校一手的资料收集还具有一定的难度。但是通过网络、抽样调查、走访等方式，再加上研究组成员科研攻关的决心，一定可以解决。

附录8 营销型电子商务特色专业研究

南昌工程学院
田 凯 杨明娟 牛 西 张增敏 马 俊

一、营销型电子商务特色专业建设概况

1. 背景介绍

目前，国内许多地方高校在电子商务专业建设中采用的竞争战略是“做大、做强”，电子商务专业的核心课程开设过多，提出的培养目标非常宽泛，要求学生既要通晓电子商务专业知识和法律知识，又要具备扎实的经济管理理论功底；既要熟悉金融、贸易领域的规则，又要具有建设和维护电子商务网站的能力，要向综合性方向发展，其结果因为战线拖得过长，最后主次区分不清，缺少自身核心的竞争力。许多高校并没有充分利用学校自身的优势背景和相关学科特点建设电子商务专业，在电子商务专业的人才培养上一味地模仿重点院校，追赶老本科，没有结合自身特点进行特色定位，专业课程设置形式的东西过多，根本体现不出地方高校自身的专业特色。

同时，电子商务专业课程设置中，地方高校习惯性地以资深本科院校的课程设置作为范本，稍做改动即成，没有针对社会需求新增自己的特色知识单元，形成自己特色的知识体系。因此，地方高校要保持电子商务专业特色建设过程中思路的清晰和独特，特色建设应“专一”。

就目前对特色化电子商务专业的研究成果来看，大都处于个别的、缺乏整体联系的探索性的研究阶段。虽然这对于特色化电子商务专业建设工作确实有借鉴意义，但远未能从理论上和实践上解决电子商务专业建设中的突出问题。本课题是从南昌工程学院实际情况出发，依托南昌工程学院传统的优势专业——市场营销，探索和研究了营销型电子商务特色专业知识体系的建设道路。

2. 建设目标

（1）明确电子商务学科方向，确定专业特色，选择核心单元，划定可选

单元，制定自定义单元，建立知识体系和课程体系，完成营销型电子商务特色专业专科教学计划的修订。

（2）探索和高效合理地运用学院市场营销学科的优质资源，积极分析如何整合电子商务与市场营销两个学科专业的教学内容，发挥两个学科交叉以及学科综合应用的特色和优势，构建新的知识体系和教学体系，改变陈旧的教育理念和落后的教学模式，通过该课题研究，进一步促进特色化电子商务专业改革与建设的实施，为学院电子商务专业教育的可持续性发展打下坚实的基础。

（3）以教学为中心，以学科建设为龙头，以专业建设为依托，以课程建设为切入点，大力发展和稳定专科教育，重点发展本科教育，积极扩大办学规模，努力提高人才培养质量和办学效益。大力开展科学研究，努力提升办学层次，突出市场营销特色方向，加强电子商务专业内涵建设，提升办学水平。

二、营销型电子商务特色专业建设的内容

1. 营销型电子商务专业特色

特色专业是指高等学校在教学改革和专业建设过程中，贯彻现代科学发展观的客观要求，在办学理念、人才培养目标、培养模式和培养质量等方面具有显著特色，培养的学生某些方面的素质和能力优于其他院校该专业的学生，并得到社会的广泛认可，有较高声誉的专业进行特色专业建设，是高校在新形势下求得生存和获得持续竞争力和竞争优势的重要战略手段。本课题重点突出了以市场营销方向建设特色化的电子商务专业。

2. 人才培养模式特色

在“加强基础、拓宽专业、重视能力培养”的指导原则下，以市场需求为导向，从知识结构、教学内容、各课程关系、特色教学要求和方法等方面进行全面的研究和探索，重视实验实践教学，强化师资队伍建设和学生技能的培养，加强校企合作，逐步形成“培养目标明确、市场营销方向重点突出、校内外产学研紧密结合”的人才培养模式。

3. 知识体系特色

知识体系是专业人才培养的核心内容，也是专业教学计划和课程体系的基础。电子商务专业知识体系是电子商务专业教育的核心。各高校的电子商

务专业都可以根据自身的学科特点和专业方向选择和组合相应的知识内容，从而形成各自的电子商务专业知识体系。

电子商务专业教育的知识体系依据专业学科分类和知识内容分解形成知识领域、知识模块、知识单元和知识点四个层次，其中知识单元是教学的基本单元。知识单元又可分为核心知识单元、可选知识单元和自定义单元。

本课题组参照了《普通高等学校电子商务本科专业知识体系（试行）》中有关的知识体系内容，选择了营销管理作为我们专业的核心知识模块，并增加了市场营销方向相关的知识模块和知识单元，形成了特色化的电子商务专业市场营销方向的理论知识体系和实践知识体系（见附表 8-1）。

附表 8-1　电子商务专业市场营销方向知识体系

知识体系	知识领域	知识模块	知识单元	性质
理论体系	电子商务综合	电子商务导引	电子商务知识体系基础	核心
			电子商务支撑环境	核心
		电子商务法规	电子商务立法	核心
			电子签名与电子认证	核心
			电子商务相关法律制度	可选
	电子商务经济	网络经济	网络经济概念与研究方法	核心
		网络金融	电子支付	核心
			网络银行	可选
		网络贸易	贸易与网络贸易	核心
	电子商务管理	组织管理	网络企业组织管理	可选
		战略管理	电子商务战略管理概述	核心
		营销管理	网络营销战略	核心
			市场调研	核心
			网络市场与消费者行为	核心
			网络营销策略	核心
			网络品牌管理	核心
			网络营销方法	核心
			电子销售与电子服务	可选
			关系营销管理	可选
			营销的绩效评价	可选
			网络交换沟通	可选
			网络顾客关系管理	自定义
			网络营销与策划	自定义
			在线市场营销调查	自定义
			网络整合营销	自定义
			网上开店与创业	自定义

续表

知识体系	知识领域	知识模块	知识单元	性质
	电子商务管理	管理工具与方法	业务流程重组（BPR）	核心
			企业资源计划（ERP）	核心
			顾客关系管理（CRM）	可选
			供应链管理（SCM）	可选
	电子商务技术	网络技术	网络连接与网络接入	核心
		安全技术	加密技术基础	核心
			数字签名与身份认证	核心
		应用开发技术	网页制作技术	核心
		数据管理技术	数据库管理系统	核心
实践体系	电子商务管理	营销管理	网络营销实验	可选
			网络营销案例分析	自定义
		管理工具与方法	ERP 实验	可选
			CRM 实验	可选
			SCM 实验	可选
	电子商务技术	应用开发技术	网站页面的设计与制作实践	核心

本课题组将营销型电子商务特色专业的理论知识体系分解为包含了 35 个知识单元的 13 个知识模块，分别隶属于电子商务四大知识领域：电子商务综合、电子商务经济、电子商务管理与电子商务技术。而实践知识体系则分解为 3 个知识模块、6 个知识单元。需要特别强调的是，知识体系中本课题组自定义的 6 个特色知识单元及其包含的知识点（见附表 8–2）。

附表 8–2　自定义知识单元描述

网络营销案例分析	实践目标：掌握网络营销案例的分析方法
	技能点：网络营销经典成功案例分析 网络营销经典失败案例分析
网络顾客关系管理	学习目标：掌握网络环境下顾客关系管理内容、原理和方法
	知识点：网络顾客价值 网络顾客的忠诚度与满意度评价 实现网络顾客满意的途径 网络顾客关系管理的常见工具

续表

<table>
<tr><td rowspan="2">网络营销与策划</td><td>学习目标：使学生尽快熟悉掌握网络营销各岗位的工作职责和操作技能，以适应企业网络营销不同岗位群的工作</td></tr>
<tr><td>知识点：网络市场调研与策划
网络营销策略分析与策划
在线客服内容
网络广告策划
网站策划</td></tr>
<tr><td rowspan="2">在线市场营销调查</td><td>学习目标：学习如何开展有效的在线调查活动，对网络产品进行开发和微调，增加电子商务网站的销售数量</td></tr>
<tr><td>知识点：在线调查程序的启动
在线二手调查
在线定性调查与定量调查
在线抽样与数据收集
在线调查问卷设计</td></tr>
<tr><td rowspan="2">网络整合营销</td><td>学习目标：了解如何利用网络传达清晰的品牌理念，塑造清晰的品牌形象，整合传统媒体、网络媒体的品牌传播功能，构建多维的企业跨媒体整合营销传播体系</td></tr>
<tr><td>知识点：网络整合营销的概念
网络整合营销传播策略
品牌核心价值</td></tr>
<tr><td rowspan="2">网上开店与创业</td><td>学习目标：了解网上创业的形式、网上开店的操作流程</td></tr>
<tr><td>知识点：1. 网上创业的概念和方法
2. 网上商店的一般商务模式和盈利模式</td></tr>
</table>

4. 教学计划特色

（1）培养目标。本专业培养能坚持社会主义道路，热爱社会主义祖国，拥护中国共产党的领导，能主动适应社会主义市场经济建设需要，德、智、体、美全面发展，获得电子商务师基本训练，具备电子商务相关基础理论知识，具有一定电子商务应用和创新能力，能在电子商务及其相关领域从事运营、运作、维护、营销等方面融合商务理念与信息技术的复合式应用型人才。特别是面向中小企业电子商务应用领域的一线岗位，培养具有良好职业道德和创新意识的高素质应用型人才。按照营销型电子商务特色专业的就业岗位群来确定培养目标，岗位群有：网络营销专员、网站策划师、网站代理、在线市场调研员、在线广告销售等。

（2）业务培养要求（知识、能力、素质结构）。培养学生具有独立地获取技术理论知识、分析和解决相关实际问题的能力，并能成为思路开阔、适应

性强、基础扎实、勇于创新的电子商务方面的工程技术及经营管理人才。通过系统学习和训练，毕业生应获得以下几方面的知识和能力：

1）具有本专业必需的较扎实的管理学、经济学、计算机及网络应用等基础理论知识。

2）掌握电子商务的基础理论、设计、运营及运作研究等方面系统的专业基本知识和基本技能。

3）熟悉企业信息化、网络企业管理、网络营销、运营、金融、物流等方面知识。

4）对电子商务本专业及相关学科的最新发展有一定的了解。

5）掌握一门外语，具有一定的阅读本专业外文科技文献的能力。

（3）主干学科与主要课程。

1）主干学科：管理学、计算机科学与技术。

2）主干课程：管理学、市场营销学、财务与会计基础、计算机网络及应用、网页设计与制作、电子商务概论、网络营销、现代物流基础等。

（4）主要实践性教学环节。

主要实践性教学环节：商务实习、网页制作课程设计、电子商务网络技术应用课程设计、电子商务网络数据库应用课程设计、生产实习、毕业论文（设计）。

1）商务实习：选择企业，深入市场开展商务营销活动，接受市场经济知识，感受市场竞争和企业应对的策略。

2）网页制作课程设计：在学习掌握主流网页设计与制作工具后，开始网页制作课程设计，每位同学应选定一个项目及对应的题目作为网页名称，独立设计并制作出相关网页，要求编写相应课程设计报告。

3）电子商务网络技术应用课程设计：通过网络技术课程加强对计算机网络组成、网络设备、拓扑结构的感性认识和理解，掌握计算机网络协议应用及不同协议间的转换技术，学会常用的网络操作系统的安装和配置，理解互联网网络结构和特点，掌握其互联功能。

4）电子商务网络数据库应用课程设计：了解并掌握动态网页的一般设计方法，具备初步的独立设计能力；初步掌握 IIS 服务器配置、网络数据库建设等基本技能；综合运用所学的理论知识独立分析和解决问题的能力。

5）生产实习：通过实习，学习了解企业开展电子商务的一般业务常识及业务流程，对相关基本实践技能有一个大致了解。

6）毕业论文（设计）：毕业论文（设计）是在完成专业课程和实践教学任务后，为进一步培养专业与基础知识的综合应用能力而设置的一个重要的实践性教学环节，毕业设计综合考查学生对所学专业知识的理解、掌握和运用能力，是对学生素质与实践能力的全面检验。

（5）课程建设特色。系统而实用的课程体系，是实现专业方向精确化的基础。电子商务绝不能将原有相关学科的课程进行简单的组合，而是要进行有机的整合，同时结合电子商务发展的特点和市场专业方向的需要，开发出特有的课程体系。课程必须以实用为主，注重教学实践环节。精简专业基础课，强化专业方向课，为专业方向差异化战略提供基本保障。

课程建设是专业培养目标实现的基本途径，专业特色必定要在课程建设和教材建设上有相应的体现，教材必须和特色相适应，由于特色专业建设一般具有独特性，可能缺乏现成的、公开出版的、合适的、针对特色培养的教材。本课题组在原有课程体系的基础上设置的电子商务专业市场营销方向的相关课程，如网络营销案例分析、网络顾客关系管理、网络营销与策划、在线市场营销调查、网络整合营销和网上创业等，这些课程的教材目前还不是太多。本课题组认为可以根据特色需要，结合教学实践和经验，以自编教材的方式来解决。

（6）实验实训特色。根据电子商务专业教学实习、生产实习、毕业设计与就业需要，依托校内外实验、实践教学基地和科技园区，大力推进学生进实验室、进项目组、进科技园区、进实习基地，进产学研合作基地，通过实践提高学生的动手能力和创新创业意识。

本课题组大力倡导加强校企合作，建立校外实训基地，参与企业实践，加强实践教学。根据企业要求建立合作研究项目，校企双方全方面、全方位进行合作，优势互补，达到双赢。校企合作不仅可以锻炼和提高电子商务专业教师的水平，而且也提高了学生的实际操作能力，同时还加强了电子商务专业建设和电子商务应用型人才的培养。

（7）校企合作特色。目前，南昌工程学院已经联系了一批企业作为校外实训基地。为保证电子商务实践教学的效果，学院几年来一直致力于实训基地的建设，先后在一大批企业建立了实习基地，如广东步步高电子工业有限公司南昌分公司、南京杰特信息技术有限公司、南京奥派信息技术有限责任公司和南京商友教学软件有限公司等。

另外，学院也和一些企业合作建立了一批实训基地。例如，和淘宝大学

共同创建淘宝创业实训基地；和中鸿网络创建中国电子商务就业创业服务工程实训基地。

三、其他特色

（1）不同领域的知识对流、模式组合方法碰撞，形成了学科的协同效应。从电子商务与市场营销两个专业学科的协同效应角度，探索特色化的电子商务专业建设道路。多学科交叉形成了新的学科领域和生长点，也是学科创新的重要方向和标志。

（2）从电子商务专业的专业规范和专业评估的角度，强调搞好营销型特色化电子商务专业的知识体系研究和建设，以及营销型特色电子商务专业的知识模块与课程体系的衔接。

四、主要成果（获奖、课题、论文、教材、专著）

（1）《电子商务专业应用型人才培养的研究与实践》获得南昌工程学院教学成果奖二等奖。

（2）南昌工程学院教学研究项目《创建“电子商务”校内实习基地的研究》。

（3）江西省教育厅教学研究项目《应用型本科电子商务专业实践教学模式的研究》。

（4）《关于电子商务人才培养的问题研究及对策分析》，科技广场。

（5）《电子商务概论》第二版由高等教育出版社出版。

五、结论

综上所述，营销型电子商务特色专业知识体系的建设是探索电子商务特色专业研究的一条有效途径，但同时它也是一个长期积累的过程。本课题研究的局限性主要表现在以下方面：

（1）难以把握专业方向更进一步的细分标准。由于现实中的行业很多，我们无法按照每个行业设置相应的专业方向，方向细分过窄则不利于学生未来的发展，方向细分过宽则不能体现专业的优势。既要兼顾全面，又要突出重点，知易行难。

（2）难以将市场营销方向与按照电子商务学科特点划分的教学模块很完美地有机结合起来。电子商务专业是一个学科交叉度高，理论体系尚未完全成型，市场应用又发展很快的新型专业，电子商务和市场营销专业毕竟是两个不同的学科专业，不能简单地加总、机械地拼凑，如何进一步实现有效的融合，有待我们和大家进一步研究和探讨。

（3）本课题的研究团队自身存在一定的局限性。构建具有优势和特色的专业，在明确专业定位后，首要的任务是建立起一支能力强、素质高的多学科教师队伍，使专业教师不仅具有较为扎实的学科知识基础，而且还精通某一具体行业知识，并在自己的研究领域中有所成就。我们还需不断加强理论学习和实践锻炼，提高学术水平和研究水平。

今后我们研究的重点将放在如何深化营销型电子商务特色专业的研究上，加强和兄弟院校之间的交流和合作，努力探讨如何进一步完善江西省高校电子商务专业知识体系，并为推动电子商务专业教学建设水平达到一个新的高度做出贡献。

参考文献

[1] 杜宏. 创新实践教学体系，培养应用型电子商务人才 [J]. 中国管理信息化，2007 (8).

[2] 张冬青，李海晨. 电子商务网上创业实践教学的探索 [J]. 黑龙江高教研究，2006 (12).

[3] 杨加猛. 电子商务专业人才培养中的实践教学体系建设，2009 (2).

[4] 李科. 电子商务人才培养应该层次化 [J]. 电子商务世界，2007 (1).

[5] 周志刚，王红梅. 电子商务专业人才培养探析 [J]. 科技情报开发与经济，2007 (23).

[6] 曹树国. 新形势下的电子商务人才培养 [J]. 中国管理信息化，2007 (2).

[7] 赵立平. 电子商务概论 [M]. 上海：复旦大学出版社，2000.

[8] 史达，胡世宏. 电子商务与网络经济 [M]. 大连：东北财经大学出版社，2001.

[9] 王学东. 我国电子商务人才培养体系研究 [J]. 图书情报知识，2002.

[10] 唐春林，等. 电子商务基础 [M]. 北京：科学出版社，2000

[11] 郑培. 电子商务专业人才培养忧思录 [J]. 电子商务世界，2005 (2-3).

[12] 刘先锋. 关于电子商务专业建设的思考 [C]. 第二届中美电子商务高级论坛会议论文，2005.

[13] 马小玉. 电子商务专业实践教学新尝试 [J]. 科技信息，2008 (26).

[14] 孙启隆，于萍. 浅谈基于校园网构建电子商务实习基地 [J]. 吉林师范大学学报

(自然科学版)，2005 (11).

[15] 刘丽. 电子商务专业实践教学与学生创业能力培养 [J]. 产业与科技论坛，2008 (7).

[16] 李红梅，罗生芳. 高职高专物流人才培养模式探讨 [J]. 教育与职业，2006 (35).

附录9 层次化实践型电子商务特色专业研究

江西蓝天学院
左振华 李淑珍 李晓宾 辛 晖

一、课题研究的背景

电子商务专业是伴随着互联网技术的发展而兴起的新兴专业，也是一门涵盖电子信息技术、经济管理、金融、法律等诸多学科知识的交叉学科。电子商务专业还是实践性很强，更新速度很快的专业，实践性强主要是因为电子商务在实践中对人才的动手能力要求很高。更新速度快在于电子商务的发展日新月异，要求授课内容根据实际发展的情况及时进行调整，以使得教学能符合社会就业需求。目前，约有50%的高校都有开设电子商务专业，且当前社会对电子商务人才的需求也是巨大的，另外，各高校培养出来的电子商务专业的毕业生就业情况却是各专业中的冷门，这种现象产生的主要原因就是高校中电子商务人才培养与就业需求相脱离。建立实践教学体系是培养高级技术应用型人才的中心环节和社会经济发展的必然要求。许多高校为适应社会对电子商务人才的需求特征，在实际教学中不断对课程体系进行改革，使学生在掌握最基本的理论知识的基础上，最大限度地接触实践，培养真正适用的电子商务人才。

所以，各高校为了提高电子商务专业的教学水平，培养学生的动手能力，都积极在探讨与构建一个合理的实践教学体系。为提高江西蓝天学院电子商务专业的办学水平，学院也对层次化实践型特色电子商务专业进行了一系列的积极研究。

二、课题研究的意义

层次化实践型电子商务特色专业教学中的实践教学体系，是对特色电子商务专业中的实践教学体系的构建的研究，将直接对本专业的实践教学进行

改革，进一步明确本专业的人才培养目标，确定人才培养计划，制定相定的专业课程中的实践内容，探讨新的实践教学模式、新的实践教学方法，能更好地培养社会所需的专业人才。

1. 理论意义

通过对学院的层次化实践型电子商务特色专业构建的研究，可以更好地对电子商务特色专业的人才培养目标进行准确定位，并对特色专业体系中的实践教学内容进行改革；可以进一步探讨实践教学的模式，拓展新的、可行的教学模式；可以进一步研究教学效果好的新型实践教学方法，进一步丰富电子商务专业实践教学中可行、有效的考核办法。

2. 实际意义

目前学院电子商务专业的实践教学内容目前只是开设了相关的课程所具有的课程实践。通过对学院电子商务专业层次化实践教学体系的构建研究，可以在学院原电子商务专业实践教学的基础上，增加模块实践教学内容如电子支付、电子商务网上运营、电子商务网站开发管理这一中间层次，增加综合电子商务实践实训（毕业设计或毕业实践）这一高级层次。并且，在此实践教学内容层次化的基础上，进一步探讨实践教学的可行模式及教学方法，进一步完善实践教学的考核办法。能进一步提高电子商务专业的实践教学质量，保障专业人才培养目标的实现，并进一步开拓蓝天学院电子商务专业的办学特色。

三、课题研究的目标

（1）层次化实践型电子商务特色专业中实践教学内容的层次化构建：将整个实践实训内容分为课程实践、模块实践（可能涉及两门以上课程）、综合实践（涉及整个专业课程，如毕业设计）这三个层次。

（2）层次化实践型电子商务特色专业中实践教学内容的构建：将各层次中相应的实践实训项目的教学内容、能力培养目标、实践考核标准进行具体化。

（3）层次化实践型电子商务特色专业实践教学体系中的教学模式、教学方法、实践考核办法：对层次化的实践教学体系的各实践教学的模式、教学方法、考核办法的研究。

本课题研究的目标是为层次化实践型电子商务特色专业的实践教学构建

一个层次化的教学内容体系，即将实践教学的内容分成三个层次：课程实践、模块实践、综合实践（见附图 9–1）。

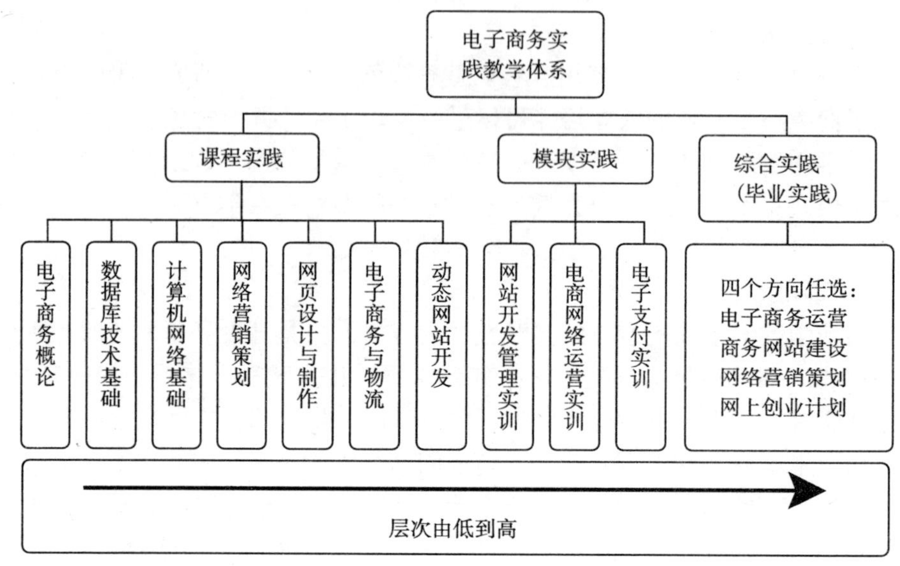

附图 9–1　层次化实践型电子商务特色专业的各层次实践教学内容

并且，每个相应的实践教学内容都应根据实际教学内容对学生的动手能力进行培养与提高，以保证电子商务专业在人才培养的过程中，能完成学院制订的实践教学内容，保证教学内容上不会有缺失，在实践教学环节上，也能突出培养学生的动手能力，保证电子商务专业人才培养的质量。同时，进一步探讨了基于这种层次型的实践教学体系的新型、有效、可行的教学模式，教学效果更佳的教学方法，及能体现公平、公正、突出实践动手能力的考核办法，构建成一个较为完整的实践教学体系。

四、课题研究的主要内容

1. 培养目标

随着电子商务的迅速普及，与电子商务相关的各行业迅速崛起，物流公司、第三方支付平台、网上商城等“遍地开花”。企业要发展，人才是关键。近年来，我国国民经济信息化建设和企业信息化建设步伐逐年加快，各行各

业对于电子商务人才的需求越来越迫切，企业需要什么样的电子商务人才？通过调查，大部分企业都要求该专业学生应具有一定的信息技术知识和系统的经济学和管理学知识，并要求能将技术与管理有机地结合。从未来市场发展趋势看，能够结合市场营销、电子商务平台的规划与应用维护、物流配送、客户服务、生产管理、行政财务等多个领域的复合型电子商务人才。所以，层次化实践型电子商务特色专业应培养掌握计算机信息技术、工商管理、电子商务等方面的基本理论知识，具有能够熟练运用信息技术、电子商务技术和现代管理方法等能力，适应在企事业单位的电子商务相关岗位从事现代商务管理，企业电子商务开发、应用、管理等工作的应用型专业人才。

层次化实践型电子商务特色专业的毕业生应具有以下几个方面的能力：

（1）具有现代商务、电子政务的管理能力，电子商务系统的开发、维护与管理能力，企业电子商务的运营管理能力。

（2）具有能够熟练运用现代经济理论基础上的电子商务与信息技术应用能力，能够对企业电子商务进行网络营销的实施策划能力，对企业电子商务系统的安全运作有基础保障能力。

（3）具有本专业较扎实的基本理论基础，通过自学可以不断扩大和更新专业知识的能力，创新、创业能力。

2. 教学模式

针对电子商务专业的特点，以及发生在整个教学环节中的教学活动和内容，可将电子商务专业的实践教学分为如下几大模式：

（1）模拟实验教学模式。模拟实验是以一种比较生动的方式使学生通过直接参与实验来了解电子商务的全过程，从而使电子商务不再是一个抽象的名词。通过系列模拟实验，一方面可以让学生熟悉 B2C 交易、B2B 交易、网上订票、网络银行、网络广告、网上安全、网上支付等操作内容，以及如何申请域名和域名的保护，如何在网上建立、维护、推广网店，如何进行网店的后台管理，如何进行网上认证，如何开展网上营销，如何在网上做好客户服务等。另一方面可以让学生从事各种角色的模拟操作，熟悉每个角色在各种流程中的作用。但模拟教学的环境毕竟只是一个虚拟的软件环境，与电子商务的实际还是有着较大的差别，所以模拟实验的教学只是适合于专业教学的初期，让学生先学习电子商务运作的整个流程。后续的课程还是须让学生在真实的电子商务环境中进行实际演练，掌握实际操作的技能。

（2）真枪实弹实际大演练。此种实践教学模式就是让学生直接在真实的电子商务平台进行相应的实践操作。例如，在淘宝网上，学生申请开通网店，并对自己所开通的网店进行经营和推广。在对自己的网店进行推广时，也可以在真实平台上进行各种推广的策略应用。这种实践可以使学生增强对真实平台的了解。

（3）各类报告、策划书的撰写。信息检索、整理、分析并将分析结果写成各类报告及策划书是学生应该掌握的最基本的一项技能，是衡量电子商务专业学生动手能力的标准之一。在具体实施中可采取两种方式：一种方式是首先向学生提出某种具体要求，让学生通过各种途径去获取符合要求的相关信息，然后完成实验报告或策划书。还有一种方式，老师不提出任何要求，让学生任意选择市场中的某一种消费品，或是某个网店，或是某个中小企业，要求开展相关的电子商务，通过包括网络市场调查在内的各种途径收集相关信息，最后撰写出相应的分析报告或相应的策划书。

（4）组织学生参加系列大赛。全国电子商务大赛是国家级一类竞赛，目前是每年举办一次，在这样一段时间内，正好每一届学生都有参赛机会，而且赛事的持续时间比较长（4 个月左右），尤其是其中的“全国高校电子商务三创赛”更是学生进行实践实训的绝佳平台！这不仅是创业比赛的平台，同时也是一个很好的电子商务实训平台！让学生在参赛的全面竞技过程中不断提高理论知识和职业技能实践水平。

3. 知识体系研究

本专业毕业生应掌握以下几个方面的知识：

（1）通识教育理论基础知识，主要包括政治理论、职业道德、英语、计算机应用、高级语言程序设计、文化素养等基础知识。

（2）专业理论基础知识，主要包括管理学、经济学、会计学、统计学、电子商务概论、计算机网络技术基础、Web 技术基础、市场营销学、应用文写作等专业基础知识。

（3）专业理论知识与专业技能培养，主要包括数据库技术应用、网页设计与制作、网络营销与策划、电商网站建设、电子支付与结算、电子商务与物流、电子商务安全、电子商务案例分析等专业理论知识与专业技能。

4. 课程体系构建

本专业的全部课程体系结构如下（见附图 9–2）：

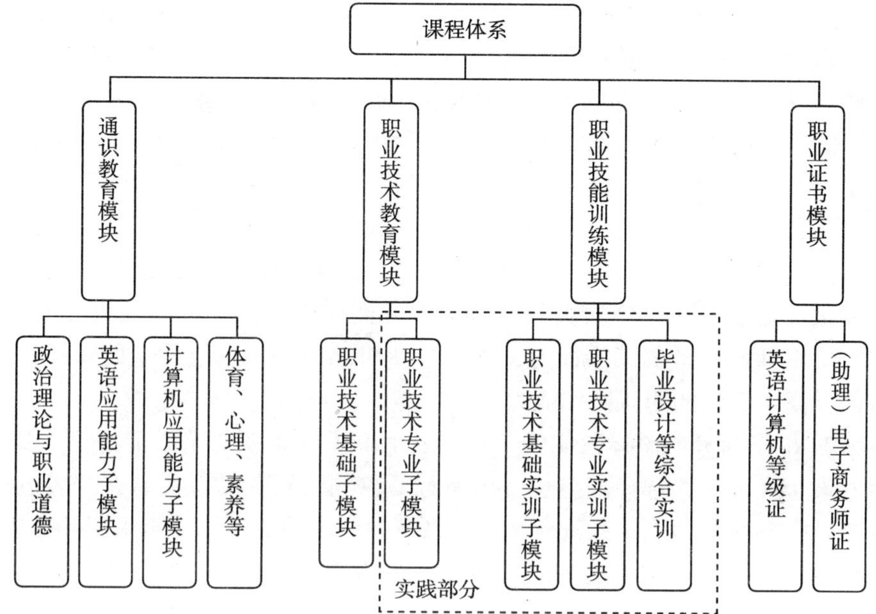

附图 9-2 江西蓝天学院电子商务专业课程体系结构图

其中的实践教学部分的层次化体系如下：

（1）课程实践。课程实践主要是针对某一门课程的应掌握的知识与技能而进行的实践教学，一般是安排在课堂教学期间，与课程同步进行，由任课教师组织在校内的计算机机房进行。其主要的目的在于对相应课程的知识的了解和运用，尤其是对专业课程知识点逐个认知和技能点的训练。例如，电子商务概论、计算机网络技术、网页设计与制作、数据库技术基础、电子支付与结算等课程一般都有理论课及相应的实践课。

（2）模块实践。模块实践，就是在一门或几门课程讲授完成后，为了将知识系统化所进行的实践训练。一般为一两周时间，由指导教师组织学生在实践计算机机房进行。主要的目的在于将不同的知识点和技能点进行有机结合，构成相对完整的知识架构。学生在经过各模块实践后，对以前学习的课程所具有的零散的技能可以进行融合，并得到进一步的升华，能较充分培养其综合专业技能。根据电子商务现实岗位的对接情况，设立三个电子商务的模块实践项目，分别是电子商务网站开发与管理实训项目、电商网络运营实训、电子支付实训。

1）网站开发管理实践。网页设计一般指静态网页制作与设计，指能够熟练使用 Dreamweaver 对 HTML 源代码进行操作控制和 Dreamweaver 网页设计的全面操作。熟练使用 Flash MX 进行复杂的文字级动画处理和简单的场景级动画设计；掌握 Fireworks 和 PhotoShop 平面设计的基本操作。而网站开发一般指的是动态网站，是服务器端的动态网页技术，如 ASP、PHP、JSP、ASP.NET 等开发语言再加上数据库技术，如常见商务网站客户服务中的留言管理、商品发布、用户管理等。安排两三周的"电子商务网站开发管理"课程实训，以组为单位，完成某个电子商务网站开发的项目规划、网站设计、网站上传及调试，通过完成一个较大的项目，一方面使学生熟悉网站项目开发运作，提高学生网站设计的动手能力，加深学生对动态网站三层构架的理解，另一方面提高了学生的团队协作能力。

2）电子商务网络运营实践。在完成了电子商务系列模拟实验后，引导学生开设个人网店，选择淘宝、一拍等 C2C 网站进行免费开店。在开店过程中会遇到很多问题：小店经营什么商品以及如何寻找货源、小店采用什么风格、如何对店面装修、网店的推广、网店后台的管理、如何与供应商进行网上贸易洽谈、怎样通过网上社区、博客、电子邮件等多种手段进行网络营销活动等。在问题的逐一解决过程中，学生也掌握了整个电子商务流程如采购、定价、营销、物流、支付、客户关系管理、售后服务等，使得学生的应变能力、社交能力、处理问题的能力得到了提高，为以后走上电子商务工作岗位打下了很好的实战基础。

3）电子支付及认证。指导学生在线申请网上银行卡，如招商银行的"一卡通"，然后让学生自己动手进行网上银行账号的转账、支付、销户等一系列操作，并且逐步掌握一些安全支付的知识。同时，要求每一个学生至少要学会使用一种第三方支付工具，如淘宝的"支付宝"或者"财富通"、"贝宝"等，并指导每组学生完成至少一次网上支付。至于移动支付及电话支付，可以由教师演示，也可以在老师的指导下由学生独立完成支付操作。

电子认证可以先通过模拟实验完成数字证书的申请，在模拟实验中让学生体会数字证书在电子商务中的作用，然后指导学生到指定的网站去申请下载数字证书，最好有机会感受数字证书在真实的电子商务环境下的作用。通过以上的实训操作，使学生初步具备网上银行相关业务的操作能力，了解数字证书的申请流程、过程及数字证书的作用，并且培养学生的网上安全支付意识。

上述三个模块实践都有实训报告进行记录，同时对有些模块实践完后，还有相应的实践成果，如网站开发管理实践，在实践完后，不仅有相应的实践报告，还有一个相应的网站，并且网站与实践报告中的内容也是相辅相成的。根据模块实践在实施时应考虑两个问题：一是实训时间的选择应放在与模块实践有关的课程全部都结束后的学期末；二是注意结合相应的主干课程开设的学期进行安排，以减少学生对知识掌握的衰减。

（3）综合实践。综合实践是在课程实践与模块实践的基础上再针对专业的对应岗位培养目标进行设计的最高级实践，可以作为学生的毕业设计来进行。毕业实践是用于体现电子商务知识的综合应用性，开发学生参与实践的主动性和自觉性，调动学生的创造力的。一般为两个月到半年，由系部总体布置，指导教师具体负责学生在毕业实践过程中的各种问题的解答。主要目的是让学生把所学的知识技能运用到实际工作中去，并在实践中得到有效的检验，并能通过知识的学习积累结合实际进行创新，最终使学生的知识线和技能线和谐拼接，完成电子商务专业的学习任务。这种综合实践可以让学生对专业岗位零距离接触，以培养学生的综合能力。

五、研究方法

（1）对于电子商务专业层次化模块化的实践教学体系的构建研究这一过程，主要采用理论研究和实证研究的方法来进行。

（2）对于本课题中所研究的实践教学体系具体应用情况的研究，主要采用的是定性分析法和实证研究法和比较法来进行。

六、课题研究的主要过程

1. 研究步骤（见附图 9–3）

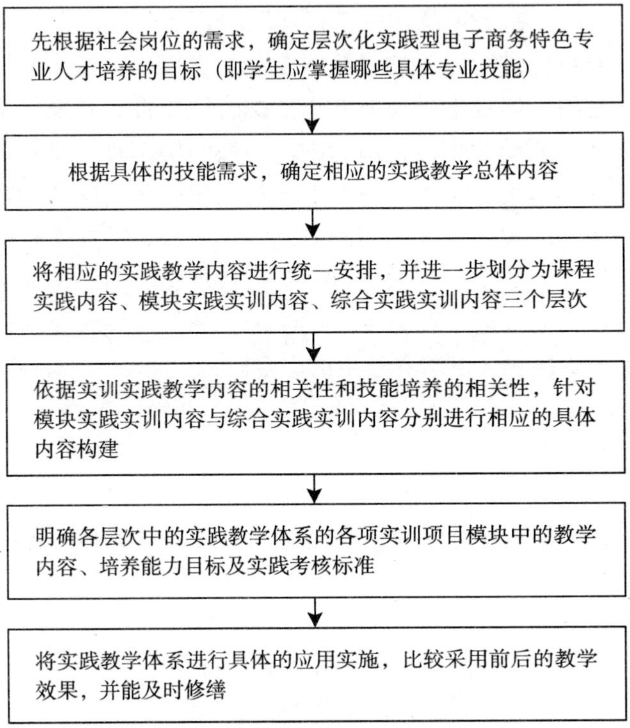

先根据社会岗位的需求，确定层次化实践型电子商务特色专业人才培养的目标（即学生应掌握哪些具体专业技能）

↓

根据具体的技能需求，确定相应的实践教学总体内容

↓

将相应的实践教学内容进行统一安排，并进一步划分为课程实践内容、模块实践实训内容、综合实践实训内容三个层次

↓

依据实训实践教学内容的相关性和技能培养的相关性，针对模块实践实训内容与综合实践实训内容分别进行相应的具体内容构建

↓

明确各层次中的实践教学体系的各项实训项目模块中的教学内容、培养能力目标及实践考核标准

↓

将实践教学体系进行具体的应用实施，比较采用前后的教学效果，并能及时修缮

附图 9–3

2. 研究的过程

（1）2008 年 1 月~2008 年 6 月：确定电子商务专业的人才培养目标。

（2）2008 年 7 月~2008 年 8 月：制订课程体系及教学计划表。

（3）2008 年 9 月~2009 年 1 月：构建本专业实践教学的层次化结构体系，并形成三级层次的结构，完成各层次的实践教学内容项目，研究可行、有效的教学模式，教学效果良好的教学教法，研究公平公正的、突出实践动手能力的考核方法。

（4）2009 年 2 月~2010 年 1 月：将实践教学的层次化结构体系的研究成

果在2007级电子商务专业的学生的教学中进行应用，比较教学成果，并进一步根据实践结果修缮实践教学的体系相关内容。

七、课题成果

本课题首先根据当前企业对电子商务人才需求调整专业的人才培养目标，进一步根据专业的知识结构构建了课程体系，并在此基础之上研究构建了电子商务专业的一个可行的效果良好的实践教学体系，并将各层次的实践教学在教学计划表中完好地进行了体现。在各层次的实践教学过程中，探索了不同的实践教学模式，拓展各种新的教学方法，并完善了相应的考核办法。

1. 理论成果

（1）2008年4月在软件导刊上公开发表论文《网页设计与制作课程在不同阶段的不同教学方法初探》。

（2）2009年9月在考试周刊上公开发表论文《浅谈专业课程考评模式的改革》。

（3）2010年1月在科技广场上公开发表论文《电子商务专业层次化实践教学体系的构建》。

2. 实践成果

（1）学生的各层次实践的实践项目及相应的实训报告。

（2）指导学生参加各级大赛的学生、教师获奖情况。

八、研究的局限性与今后研究设想

层次化实践型电子商务特色专业的实践教学研究中新的教学模式不够多，特别是产学结合的这种教学模式中，相应的企业一般不会让学生进行顶岗实习。实践型的内容也待进一步的丰富化、细致化。今后研究应还多在新的实践教学模式及实践教学内容上进行拓展。

参考文献

［1］桂海进，汤发俊. 电子商务特色专业建设研究与实践［J］. 职业技术教育，2009（23）.

［2］刘安明. 浅谈电子商务专业实践教学模式创新［J］. 人才，2009（9）.

[3] 贺卫红，曹毅. 创新型电子商务实验室的建设与改革 [J]. 中国教育信息化，2008（10）.

[4] 沈晓平. 面向创业训练的电子商务专业实践教学改革探讨 [J]. 教育与职业，2009（3）.

[5] 张善智. 高职电子商务实践教学环节设计研究 [J]. 无锡职业技术学院学报，2006（12）.

[6] 蒋伟. 高职电子商务专业实践教学体系的构建 [J]. 人才，2008（1）.

[7] 蒋一清. 高职电子商务专业建设和人才培养方案的研究与实践 [J]. 湘潭师范学院学报（社会科学版），2009（3）.

[8] 赵凌冰. 新建地方本科院社区电子商务专业特色建设的探讨 [J]. 吉林工商学院学报，2008（7）.

[9] 黄罡. 电子商务专业实践教学体体系的构建 [J]. 管理观察，2008（7）.

[10] 刘军. 高校如何开展电子商务实践教学 [J]. 科教文汇，2008（3）.

附录 10 应用型本科电子商务特色专业研究

华东交通大学理工学院
万 芳 程志平 王婷婷 龚文辉

一、应用型本科电子商务特色专业建设的概况

电子商务专业是一门融合计算机科学、市场营销学、管理学、法学和现代物流于一体的新型交叉学科。目的是培养掌握计算机信息技术、市场营销、国际贸易、管理、法律和现代物流的基本理论及基础知识，具有利用网络开展商务活动的能力和利用计算机信息技术、现代物流方法改善企业管理方法，提高企业管理水平的创新型复合型电子商务高级专门人才。

华东交通大学理工学院是一所注重培养应用型人才的学院，针对中国电子商务发展如火如荼的社会现状，分析当今社会企业对人才的需求，制定了学习电子商务专业以及相关的数学、计算机科学与技术、经济学与管理学等方面的基础理论、基本方法和基本技能，通过系统的理论学习和实践，学生毕业时应获得以下几方面的知识和能力：

（1）掌握本科所必需的数学、计算机科学与技术、经济学与管理学等的基础理论、基本方法和基本技能；初步掌握一门外语，能阅读本专业的外文书刊，具有听、说、写的基础。

（2）掌握电子商务系统的分析和设计方法。

（3）具备从事电子商务系统设计、开发、调试、工程应用和保障信息安全的能力。

（4）了解电子商务专业的理论前沿、应用前景和最新发展动态，具有一定的科学研究和实际工作的能力。

（5）了解国内外有关电子商务的政策法规。

（6）掌握文献检索资料查询的基本方法，具有较强的获取信息的能力。

（7）初步掌握锻炼身体的基本技能，养成科学的体育锻炼和卫生习惯，身体健康，达到大学生体育合格标准。

二、应用型本科电子商务特色专业建设的内容

1. 电子商务专业特色

目前，国内高校的电子商务专业办学方向大致可分为以下四种类型：

（1）工科管理类：面向工业企业的电子商务，重点突出网站设计与管理、ERP 等课程。

（2）财经管理类：面向电子商务企业的经营管理，重点突出财务会计、网络营销、电子商务解决方案等课程。

（3）商贸管理类：面向贸易营销的信息管理，重点突出商务运作、国际贸易、商品流通物流与供应链等课程。

（4）技术管理类：面向电子商务系统研发，重点突出软件工程、网络数据库、操作平台等课程。

目前，我院的电子商务专业放在电信分院计算机教研室进行管理，因此我院的电子商务专业的专业方向定位属于上述四种类型中的第四种——技术管理类，考虑到电子商务人才的培养综合性要求高，重点在于商务、管理，但学校的培养环境很难达到企业需求的电子商务高级管理人才的培养需求，不如针对实际需求培养出具有商务管理理论基础的技术性人才出发，电子商务专业的学生毕业走向社会，让其具备根据企业基本情况和实际需求，完成传统商务流程改造和新型电子商务模式创新的能力。

另外，我国目前电子商务不仅对内发展需求旺盛，对外贸易人才的需求也呈上升趋势，随着中国电子商务对外贸易的发展，外贸成为电子商务应用的重要阵地。学院积极与金融管理分院合作将国际贸易专业与电子商务专业的资源优势紧密联系在一起，开展针对两院学生进行第二专业的学习。学院学生结合学习国际贸易专业的重点课程，如国际贸易实务、外贸英语函电、EDI 等，培养出更多具有针对性的电子商务人才。

2. 电子商务专业人才培养模式特色

从总体上来看，按照社会需求可以把电子商务专业人才划分为操作型人才、应用型人才和管理型人才三种。专科学生不管是偏向于商务分析还是技术开发，都应该有较强的实践动手能力，属于操作型人才；而电子商务本科教育应该从操作层走向具备一定分析策划能力的应用型人才，并进一步通过工作实践和学校深造，成为更高层次的电子商务管理人才。

华东交通大学理工学院作为地方本科院校，其办学理念就是建设应用型学科的院校。因此，学院电子商务培养目标就是培养具备电子商务活动分析、策划能力和一定动手实践能力的应用型人才。

（1）加强实践性专业教学环节，融入专业特色实验。电子商务专业是集传统的商业理论与计算机网络相结合的实践性极强的学科。2010 年，针对培养具有应用型电子商务人才的理念，学院对电子商务专业进行培养计划的课程调整，采取理论与实践相结合，实践促进理论的教学模式，加强实践性教学环节，实践性教学具有多种形式，既有学校内部的实践实训，又有校外实践基地的实习，以提高学生的动手能力，为学生的就业奠定良好的基础。

（2）以个性为驱动培养创新能力。从大学三年级下学期起，全过程实施分流制和灵活听课制度，有针对性地指导学生。由于学校电子商务专业招生规模不大，按行业细分培养使教学成本有所上升，在实施分流制时，主要是两块：专业技术方向和金融管理方向，学生可以根据行业细分方向的需要自由选择插班上课，以降低开课成本；学院再为不同方向的学生配备相应的指导老师，以帮助学生解决学习中遇到的问题，提高学生的业务能力。将普适性教育与个性化培养相结合，使学生能够形成个人核心竞争力，增强就业能力。

3. 电子商务专业知识体系特色

电子商务专业是由“电子”（如计算机技术、网络与通信技术）和商务（如管理学、网络营销、国际贸易、电子商务法）两大学科知识交叉融合而形成的一门新兴的独立学科，而不是由各相应学科知识简单叠加而成。按照前面所分析的电子商务专业的培养模式，其学科知识体系应由下式表达（“×”表示知识的相互渗透和相互影响）：

电子商务 = 计算机及网络技术 × 管理学 × 网络营销 × 法律。

具体来说，电子商务专业的学科知识体系应由其核心知识体系及其外延两部分构成。

（1）电子商务的核心知识体系。电子商务的核心知识体系是由上述学科的知识交叉融合所产生的独有的知识，如电子支付、电子商务安全、电子商务网站规划与设计等。这一部分知识由各学科融合创新而来，它不能由其他学科知识代替。

（2）电子商务知识体系的外延。电子商务知识体系的外延知识是电子商务专业与其他专业结合而成的知识，是电子商务向部分专业侧重的结果，如电子商务与市场营销结合有“网络营销”等。

4. 电子商务专业教学计划特色

我们对部分高校电子商务的办学模式进行了分析比较，发现大部分的专业课程设置都与该专业所在院系的特点有关，如有计算机背景的，其教学计划中含有大量的计算机类课程，有商业背景的则含有大量的商务课程。这种办学模式一方面说明了它的办学特点，另一方面说明了其专业发展的局限性以及对电子商务专业认识的局限性。

电子商务人才所具备的知识结构应包括以下四个方面：信息技术、商务知识、将信息技术应用于商务领域的知识和特定行业的特定知识。前两方面的知识属于电子商务的基础知识，第三方面的知识属于电子商务的理论知识，第四方面的知识属于电子商务的应用知识，它们形成电子商务专业的整体知识架构。

我们认为，电子商务是具有自身特点的专业，这个特点就是在信息技术条件下进行商务活动的规律，它以商业活动为中心，涵盖信息流、物流、资金流等各个方面。电子商务专业与计算机、经济管理、信息管理与信息系统等专业既有密切的联系又有明显的区别。

计算机学科与经济管理类学科是电子商务专业的理论基础，信息管理与信息系统主要针对的是企业信息化，它是企业电子商务应用的基础。电子商务专业的发展依赖与上述学科的发展，但又不等同于它们的发展，如电子商务的实施需要支付系统、物流信息系统等，但并不等同于电子商务只是构建了这些系统就可以了。对于电子商务专业的学生来说，要掌握的是在信息技术平台上开展电子商务的相关知识，如商务安全、供应链管理、网络营销等。

按照培养目标，我们将本科生的培养分为四个层次：

(1) 电子商务基础知识层次，它是电子商务专业的学生必须要掌握的知识层面，也是继续发展的基础。

(2) 电子商务技术基础层次，这一层次是电子商务专业的学生必须要掌握的技术基础。

(3) 电子商务技术与知识提高层次，在掌握了电子商务知识后，能够将其应用于实际的工作中。这一层次的主要内容包括电子商务知识与技术提高，以及有关的行业知识。

(4) 最后是实践应用层次，学生通过了解电子商务研究领域的发展前沿，能够具备相应的社会需求的实践能力。

如今，电子商务的应用已经遍及生活的各个角落，然而不同行业的电子商务具有各不相同的规律，如制造业、金融业、零售业、房地产、涉农企业等，如何针对其行业背景实施电子商务成为企业关心的主要话题。因此，如果部分学生在本科毕业后就业，就必须补充相应的行业知识。因此，电子商务专业发展的另一个特点就是与行业结合，探索电子商务的行业解决方案。

在深入行业的同时，我们不仅为学生提供了实习的机会，也为教师的研究提供了方向，提供了研究的课题，提供了走向社会、研以致用的机会。我们深刻地认识到：电子商务的本科教育需要进行必要的创新，要建立一种既能面向企业，培养出企业急需的实用型人才，也能进行相应的电子商务理论研究的高级专门人才的新型培养机制。

5. 电子商务专业课程建设特色

华东交通大学理工学院电子商务专业的课程结构从大的框架上分为专业理论教学课程和实践教学环节两部分，其中专业理论教学课程又分为公共基础课、专业基础课和专业课三部分；实践教学环节又分为课程实验、实习、课程设计、毕业论文、综合性设计性实验、第二课堂六部分。围绕电子商务专业人才的素质和能力培养目标，在设置该专业的课程结构的具体内容时，应注重加强素质教育基础课、突出专业主干课，提高实践教学环节的比重，为学生发挥个性和特长、培养创新精神和创新能力创造条件。

（1）公共基础课。主要作用为培养学生逻辑思维能力，提高学生的人文素质和道德思想素质，具有较扎实的数学、外语基础。主要课程为：思想政治理论、高等数学、大学英语、计算机文化基础、数据库技术应用、程序设计语言等。

（2）专业基础课。主要作用为专业课的服务，系统掌握此专业领域所需的技术基础理论知识，主要课程为：Web 数据库编程、网页设计与制作、基础会计学、JAVA 语言程序设计、数据结构、数据库系统原理、计算机网络、XML 技术基础、运筹学、经济学原理、市场营销、条码技术与应用、EDI 理论与实践、移动商务技术等。

（3）专业课。主要作用为培养电子商务领域内专业方向的专业知识与专业技能。主要课程为：网络营销学、电子商务物流、电子商务安全、电子商务网站设计与管理、网上支付与结算、电子商务系统规划与设计、电子商务案例等。

6. 电子商务专业实践课程结构体系特色

电子商务是一门应用型极强的学科，培养电子商务人才的实践技能水平十分重要。这就要求学科建设必须与电子商务的实际发展相结合，建立和完善相应的实践教学体系，以适应现代电子商务市场对人才培养的需要。在专业建设过程中，建立起以电子商务模拟实验室开设的实践教学环节，在实践教学体系结构中，安排有 440 个学时；集中安排的实践性环节上机时数有 560 节。课程设计主要内容为：程序设计、数据库系统设计、计算机网络、网络营销、电子商务系统规划与设计、系统安全设计、Web 数据库课程设计、XML 技术应用等。综合性实验设计的主要内容有：电子商务网站设计、电子商务前后台流程分析与处理等。相关的课程设计、综合训练与教学紧密结合，安排在相应课程教学完成后实施。

（1）电子商务理论课常规教学练习。电子商务具有较强的实践性，为此在常规理论课程教学中安排了大量的课程设计以加强学生对理论知识的理解及实践能力的培养。网页设计课程的“个人页面设计”、“商务网站设计”，网络营销课程的“网络营销网上调研”等。

（2）电子商务模拟实训。针对电子商务的实际交易方式和程序进行模拟操作，使学生尽快理解和掌握电子商务的不同应用形式，并学会实际利用电子商务进行交易，进一步提高学生的电子商务业务技能。在内容上主要包括网络商务信息检索、使用网络银行、BTOC 交易、CTOC 交易、物流配送、认证、电子数据交换等。在方式上，一方面在学校利用已有的校园网实地进行 CTOC 的实际交易应用，另一方面借助于电子商务网站进行具体操作，如淘宝网等。

（3）电子商务系统建设实验。主要培养学生电子商务系统建设方面的能力，使学生能够熟练进行电子商务网站的建设，并掌握有关计算机网络的基本技术。内容上主要包括：网络接入与系统设置、网页制作、数据库的应用、网页的上传与下载、网站的安全隔离、网络广告的制作与交换等。

（4）电子商务课程设计。主要培养学生的综合能力，使学生能够对所学的关于电子商务的各专业课程加以综合利用。内容主要包括电子商务网站总体设计和电子商务网站创业设计等。

（5）毕业实习与设计。这是培养学生实践能力的关键环节，同时也是对学生四年所学专业知识的一次检验。要求学生深入企事业单位，通过 3 个月左右的调研，就企业信息化及电子商务的实际应用提出自己的看法，并对出

现的问题进行分析解决。

7. 电子商务专业师资队伍特色

华东交通大学理工学电子商务专业设立的时间不长，现由计算机教研室管理，现有专职教师 10 人，校外兼职教师 4 人。专职教师中具有高级职称的 1 人，专业带头人 1 名、骨干教师 5 名。具有研究生以上学历或硕士以上学位 3 人。

其中，部分教师是由计算机类课程的教师转入的，知识结构尚待完善，青年教师比重较大。因此，一方面，学校根据实际情况选派了一些爱岗敬业、年轻有为、学历层次较高的教师攻读高层次学位；另一方面，利用与企业合作的契机，分派相关专业教师进入企业学习，提高教师的实践应用教学经验；同时，参加各种学术会议及师资培训班，吸收新的知识从而完善本校的体系建设；并且，结合目前的师资队伍现状，引进高学历、高水平的教师，从而切实提高本专业教师的教学水平。

教学队伍主要负责电子商务专业的专业基础课及专业课的教学及实践活动，主要讲授电子商务概论、JAVA 语言、数据库原理、管理信息系统、计算机网络、网站设计、电子商务网站建设与管理、信息存储与检索、网络营销、电子商务案例分析、电子商务安全与认证技术、网上支付与网络银行、电子商务物流技术、电子商务物流管理、电子商务法、电子商务系统分析与设计、电子商务项目策划与管理等课程。

学院的教师们都非常重视实践教学，不断研究探讨实习实践活动的实施方案。近几年来，电子商务实验条件日益改善，目前学校有 8 个机房、400 多台微机，能够满足多门课程的上机实验及课程设计、毕业设计等的上机要求；学生可以使用电子商务模拟软件模拟电子商务各种模式、各个环节的操作，也可以通过互联网进入真实的电子商务环境，随时了解国内外电子商务的发展；为了提高学生的学习兴趣，激发学生的学习动力，学院组织学生参加了各项赛事活动，收到了良好的效果。同时，学院还积极开展校企合作，扩建校外实习基地，目前主要与一家武汉从事电子商务平台建设与相关软件建设的软件公司合作，对大四学生进行有针对性的发展分流教学。合作时间为两年，毕业生就业率与择业率大幅度提高，还有部分毕业生已经在经营电子商务方面初见成效。这种与企业进行纵深化的合作，充分利用校企的资源对电子商务的人才培养产生了十分积极的影响。

三、校企合作特色

如今，社会竞争激烈、就业矛盾突出，许多企业对人才的要求是不需要长时间的培训就能适应工作岗位需要的。学院为此针对性地对学生进行了培养，一方面是为了减轻学生的就业压力；另一方面是省去了企业的二次培训。因此，分院积极与开展电子商务的企业合作，建立具备鲜明电子商务特色的、兼顾商务活动和计算机应用等多功能的复合型实习基地。

目前，分院正在与武汉一家从事电子商务软件开发的软件企业合作，对大四的学生进行专业主题化、系统化、综合化的训练，学生毕业后就能够迅速从事企业的某种具体业务活动，增加了学生就业的机会；另外，企业不用再进行招聘，就能够直接从实习生里挑选优秀人才，节约了本企业的招聘和培训成本。从合作到现在两年的情况看，学院毕业生的就业率和企业反馈的信息良好。

四、主要成果

学院教材建设成果之一体现在：严格的教材遴选制度。原则是首先要符合教学大纲要求，其次是尽量选用教育部推荐的国外优秀英文原版教材以及获奖教材。

成果之二：依据学院师资队伍，自己编写电子商务相关教材，已出版的有北京邮电出版社 2008 年出版的《数据库原理》、2009 年出版的《计算机文化基础》，正在试用中。目前，已经和人民邮电出版社签约，预计 2012 年正式出版《C 语言程序设计》和《电子商务概论》。对于集体编写的教材，我们首先在教学中检验、补充、修改其内容，以保证教材质量。

成果之三：学院教研室教师发表教学研究论文 10 余篇，提出了复合型电子商务专业的人才培养方案，形成了具有精品化特色的电子商务人才培养模式。

电子商务在全球范围的迅速发展和普及，给高校电子商务专业的人才培养提出了更高的要求，这就需要电子商务专业的教学人员要不断提高自身的专业素质、不断探索和改革电子商务的教学及实践模式、加强电子商务的专业建设及国际间的交流与合作，以便更好地适应电子商务专业应用型人才培

养的需要。目前，电子商务发展迅速，但专业发展有待改进，作为专业建设者和教师，其责任和任务更重了。

参考文献

[1] 中国互联网络信息中心. 第 27 次中国互联网络发展状况统计报告，2010.12.

[2] 马强. 高校电子商务本科专业教育模式研究 [J]. 新西部，2009 (4).

[3] 教育部电子商务教学指导委员会. 普通高等学校本科电子商务专业教育知识体系 [Z]. 北京：高等教育出版社，2008 (11).

[4] 杨兴凯. 面向社会需求的电子商务专业建设研究 [J]. 现代教育技术，2009 (9): 128–131.

[5] 谢朝东. 电子商务专业人才培养存在的问题及对策 [J]. 贵州民族学院学报（哲学社会科学版），2008 (3).

[6] 许忠，张征. 我国高校电子商务应用型人才培养现状及问题 [J]. 现代教育科学：高教研究，2008 (1).

[7] 厉言. 电子商务，广东发展新机遇：汪洋搭桥，阿里巴巴打先锋 电子商务走红珠三角 [J]. 大经贸，2008 (4).

[8] 陈丹. 电子商务人才缺口大 创新培养方式成关键 [N]. 通信信息报，2008–08–17.

[9] 申贵成. 基于市场需求的电子商务人才培养研究 [J]. 中国市场，2008 (6).

[10] 艾瑞咨询. 中国电子商务从业人员职业发展及薪酬研究报告，2010. 12.

后 记

高等学校电子商务专业知识体系江西省创新实验区项目得到了教育部高等学校电子商务专业教学指导委员会各位领导和委员的关心和支持，在此向各位领导和专家表示感谢。

我们尤其要感谢教育部高等学校电子商务专业教学指导委员会李琪副主任、陈德人副主任（秘书长）、汤兵勇委员的大力帮助，他们的厚爱与支持是无法衡量的。在过去的三年中，各位领导与专家帮助我们形成和提升了我们的研究和实践。

我们对参加教育部高等学校电子商务专业教学指导委员会“本科教学质量与教学改革工程”项目“高等学校电子商务专业知识体系江西省创新实验区”研究与建设的各高校和各位教师的辛勤努力表示诚挚的谢意。

我们还要感谢我们各自的家人，完成本书占去了我们太多的时间，而其中一些时间本应该是留给家人的。

此书献给以上的领导、专家与朋友们，谨此表达我们的感激之情！

孙德林

2011 年 12 月 1 日